ÉDITORIAL
JUIN 2021

Le pain rompu

Nous célébrons le Saint-Sacrement ce mois-ci. À la table familiale, la coutume voulait qu'on trace un signe de croix sur une miche de pain avant de l'entamer. Ce geste résumait tout le mystère de l'eucharistie: reconnaissance pour le fruit d'un travail collectif, offrande à Dieu d'une nourriture dont je ne suis pas propriétaire et promesse d'un don partagé. Mais pour que le pain devienne celui du partage, il a fallu le rompre. Au cours de la Cène, Jésus est encore allé plus loin: il a prononcé la bénédiction, a rompu le pain et l'a donné aux disciples, anticipant ainsi le don total de sa vie sur la Croix pour le salut de l'humanité. Ce testament nous dit que, de cette brisure, comme de toute vie brisée, va surgir une vie inattendue. Prendre un morceau de pain, c'est considérer toute une histoire du salut, celle de la relation avec la nature, avec les autres et avec Dieu. Ce qui a fait dire au penseur russe Nicolas Berdiaev: « M'occuper de mon pain est une préoccupation matérielle; m'occuper du pain de mon frère est une préoccupation spirituelle. »

— P.-E. Charon

> *Prendre un morceau de pain, c'est considérer toute une histoire du salut.*

LA PAROLE ACCESSIBLE À TOUS

« Prions en Église », la Parole au chevet des malades

Dans les moments d'épreuve et parfois de détresse, « Prions en Église » s'avère un soutien précieux et un compagnon quotidien. Grâce à votre générosité, le Fonds de solidarité de votre revue finance des abonnements collectifs pour de nombreuses aumôneries d'hôpitaux en France.

Les aumôniers le savent: la parole de Dieu nourrit l'espérance des personnes malades, en particulier pour les chrétiens hospitalisés qui, en ces temps de Covid, ne peuvent assister à la messe comme d'ordinaire. « Je vois souvent *Prions en Église* sur leur table de chevet, je sais qu'ils le lisent mais ils sont pour la plupart très pudiques sur leur vie de foi », relève Véronique Goutagny, aumônier dans le service gériatrique de l'hôpital de Chambéry (Savoie). « De cette façon, ils se sentent reliés à toute l'Église, ajoute sa collègue Claire Dionne. C'est l'une des premières demandes que formulent à leurs proches les personnes croyantes déjà abonnées: leur apporter à l'hôpital *Prions en Église*. »

La lecture des textes du jour les aide à traverser les épreuves et les moments de doute. Si beaucoup le lisent seuls, dans leur chambre, les personnes malades sont heureuses, aussi, d'en discuter avec l'aumônier. « On commente ensemble la Parole,

SOLIDARITÉ

c'est un bon moyen d'échanger, confie Hélène Noaille-Degorce, aumônier au CHU de la Timone, à Marseille. Ils sont d'abord touchés par l'amour inconditionnel de Dieu, par sa miséricorde. » « J'aime bien donner la revue à des personnes pas nécessairement pratiquantes, pour qui lire la Bible s'avère difficile, complète sœur Anna Spolaore qui travaille avec elle. *Prions en Église* est plus accessible, c'est une bonne porte d'entrée dans les Écritures. »

La revue accompagne les personnes malades dans leur vie de foi à un âge parfois très avancé. « L'autre jour, j'ai rendu visite à un monsieur en gériatrie qui vient d'avoir cent ans, confie Claire. Son armoire était pleine de tous les *Prions en Église* des dernières années ! Il en parlait comme de livres, quelque chose de précieux. Il m'a glissé : "Il faudrait peut-être que je les offre, un jour." Comme il est malentendant, la messe ou les groupes lui sont devenus pénibles alors que la lecture lui permet d'approfondir sa quête spirituelle. C'est un beau cadeau ! » ■

Romain Mazenod

LE FONDS DE SOLIDARITÉ
Le Fonds de solidarité de *Prions en Église* aide à financer l'abonnement d'aumôneries d'hôpitaux. Si vous voulez soutenir ce projet, vous pouvez adresser **vos dons par chèque à l'ordre de Bayard à :** *Prions en Église* – Fonds de solidarité – Bayard – TSA 60007 – 59714 Lille Cedex 9 ou sur librairie-prions.com/solidarite

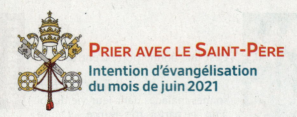

PRIER AVEC LE SAINT-PÈRE
Intention d'évangélisation du mois de juin 2021

Prions pour les jeunes qui se préparent au mariage avec le soutien d'une communauté chrétienne : qu'ils grandissent dans l'amour, avec générosité, fidélité et patience.

Pour vous aider à prier :
www.prieraucoeurdumonde.net

SAINTS ET SAINTES DU MOIS DE JUIN 2021

Xavier Lecœur, journaliste et historien

Chaque jour, l'Église fête plusieurs saints et bienheureux : ceux du calendrier romain, ceux des calendriers diocésains et ceux du calendrier des Églises orientales.
Tous les mois, Prions en Église *vous propose d'en découvrir quelques-uns.*

LES SAINTS

1er juin
St Justin
(100-vers 165)
« Seuls parviennent à l'immortalité bienheureuse ceux qui vivent, auprès de Dieu, d'une vie sainte et vertueuse » : ainsi parlait ce philosophe qui fut l'un des tout premiers apologistes chrétiens.

2 juin
Sts Marcellin et Pierre
(IIIe et IVe siècles)
Le premier était prêtre, le second, exorciste. Tous deux furent décapités à Rome, sous l'empereur Dioclétien. Une basilique fut construite à l'emplacement de leur tombeau.

3 juin
St Juan Grande Román
(1546-1600)
Durant trente-cinq ans, ce laïc consacré se fit le serviteur des pauvres et des malades à Jerez de la Frontera (Andalousie). Il mourut en soignant des pestiférés. Canonisé en 1996.

4 juin
Bx Antoine Zawistowski
(1882-1942)
Au camp de Dachau, ce prêtre polonais de Lublin accompagna spirituellement les autres déportés pendant deux ans, avant de succomber lui-même sous la torture.

5 juin
St Alyre
(IVe siècle)
Quatrième évêque de Clermont, en Auvergne. Il était réputé pour ses dons de guérisseur. Saint Grégoire de Tours le tenait en grande vénération.

6 juin
St Marcellin Champagnat
(1789-1840)
« Redoublons de confiance en la bonté de Dieu, abandonnons-nous à

sa Providence » : voilà ce que recommandait le fondateur des Frères maristes des écoles. Canonisé en 1999.

7 juin
Bse Anne de Saint-Barthélemy
(1549-1626)
D'abord secrétaire de sainte Thérèse d'Avila, elle œuvra ensuite à l'implantation de carmels réformés en France et en Flandre.

8 juin
St Médard
(456-vers 560)
Évêque de Noyon (Oise), très populaire de son vivant en raison de sa grande charité. Il le resta après sa mort car on lui attribua de nombreux miracles. Patron des agriculteurs.

9 juin
St Colomba
(521-597)
Après avoir fondé plusieurs monastères dans son pays, cet Irlandais établit la célèbre abbaye d'Iona (Écosse) qui allait devenir un véritable vivier de saints moines et de missionnaires.

10 juin
Bse Diane d'Andalo
(1201-1236)
Malgré l'opposition de ses riches parents, cette jeune Italienne se fit religieuse chez les chanoinesses de Saint-Augustin, avant de fonder un couvent de dominicaines à Bologne.

11 juin
St Barnabé
(Ier siècle)
Comme saint Paul qu'il accompagna dans ses premières missions chez les païens, saint Barnabé est honoré comme apôtre, même s'il ne faisait pas partie des Douze.

12 juin
Bse Marie-Candide de l'Eucharistie
(1884-1949)
« Dans la très sainte communion, nous pouvons faire provision de charité », affirmait cette carmélite sicilienne qui plaça le mystère eucharistique au cœur de sa vie. Béatifiée en 2004.

13 juin
Bx Gérard de Clairvaux
(XIIe siècle)
D'abord fasciné par la carrière militaire, il finit par rejoindre son frère cadet Bernard à Cîteaux (Côte-d'Or). Il l'aida ensuite à fonder l'abbaye de Clairvaux (Aube).

LES SAINTS

14 juin
Bx Richard de Saint-Vanne
(970-1046)
Pendant plus de quarante ans, ce Rémois fut l'abbé de l'ancien monastère bénédictin de Saint-Vanne, près de Verdun (Meuse). Il en fit un centre spirituel rayonnant.

15 juin
St Bernard de Menthon
(XIe siècle)
Soucieux du sort des voyageurs qui traversaient les Alpes, il établit des hospices sur les deux cols qui portent encore son nom (Grand-Saint-Bernard et Petit-Saint-Bernard).

16 juin
Sts Ferréol et Ferjeux
(IIIe siècle)
Deux frères, l'un prêtre, l'autre diacre, considérés comme les fondateurs de l'Église de Besançon (Doubs).

17 juin
Bx Marie-Joseph Cassant
(lire page 106)

18 juin
Ste Élisabeth de Schönau
(1129-1164)
Comme son amie sainte Hildegarde de Bingen, cette moniale bénédictine fut favorisée d'extases et de visions que son frère Eckbert transcrivit en latin. Très lue au Moyen Âge.

19 juin
Ste Julienne Falconieri
(1270-1341)
Nièce de saint Alexis Falconieri, elle fonda avec saint Philippe Benizi la branche féminine des Servites de Marie, les Mantellate.

20 juin
Bse Marguerite Ebner
(1291-1351)
« Jésus, pure vérité, enseigne-moi la vérité » : telle était l'une des invocations préférées de cette religieuse dominicaine allemande qui a laissé des textes mystiques. Béatifiée en 1979.

21 juin
St Raoul
(IXe siècle)
Abbé de Saint-Médard de Soissons, il fut élu archevêque de Bourges en 840. Fin diplomate, il se montra soucieux de ses prêtres et de ses diocésains.

22 juin
St Paulin de Nole
(353-431)
« L'homme sans le Christ n'est que poussière et ombre », affirmait ce riche patricien bordelais qui, après sa conversion,

vécut en ermite puis fut nommé évêque de Nole (Italie).

23 juin
Bse Marie-Raphaëlle Cimatti
(1861-1945)
Il y a vingt-cinq ans, le pape Jean-Paul II béatifiait cette religieuse italienne, sœur hospitalière de la Miséricorde. Elle était surnommée l'« Ange des malades » en raison de son dévouement auprès de ceux qui souffraient.

24 juin
St Jean Baptiste
(Ier siècle)
Aujourd'hui, on fête la naissance du cousin de Jésus, Précurseur du Messie. On commémorera son martyre le 29 août. *(lire page 274)*

25 juin
Bse Marie Lhuilier
(1744-1794)
Cette religieuse augustine de Château-Gontier (Mayenne) était un modèle de piété et de dévouement. Ayant refusé de prêter le serment révolutionnaire, elle fut guillotinée. Béatifiée en 1955.

26 juin
St Anthelme
(1107-1178)
Après saint Bruno et le vénérable Guigues, il fut la troisième grande figure des débuts de l'histoire des chartreux. En 1163, il fut nommé évêque de Belley (Ain).

27 juin
Bse Maria Pia Mastena
(1881-1951)
« Faire sourire le visage du doux Jésus sur le visage de notre frère » : telle est la mission que cette Italienne, fondatrice de la congrégation des Sœurs de la Sainte-Face, assigna à ses religieuses. Béatifiée en 2005.

28 juin
St Argimir
(IXe siècle)
Martyr à Cordoue, en Andalousie.

29 juin
Bx Raymond Lulle
(1232-1316)
Natif de Majorque, il fut d'abord chevalier, courtisan et troubadour, avant de se convertir et de devenir théologien, prédicateur et missionnaire ! Pionnier du dialogue interreligieux.

30 juin
St Martial
(IIIe siècle)
Sans doute originaire d'Orient, il fut le premier évêque de Limoges (Haute-Vienne). ●

Prions avec les textes de la messe

DU 1ER AU 30 JUIN

Dimanche 6 juin, *Saint-Sacrement* .... *p. 42*
Dimanche 13 juin, *11e dimanche du temps ordinaire* .... *p. 91*
Dimanche 20 juin, *12e dimanche du temps ordinaire* ...... *p. 138*
Dimanche 27 juin, *13e dimanche du temps ordinaire* .... *p. 183*

Partagez vos intentions de prière

Envoyez vos intentions de prière à :
Prions en Église, Intentions de prière, 18 rue Barbès, 92128 Montrouge Cedex.
Elles seront portées par les lecteurs qui partiront en pèlerinage.

MARDI 1ER JUIN 2021

9E SEMAINE DU TEMPS ORDINAIRE COULEUR LITURGIQUE : ROUGE

Saint Justin
IIe siècle. Philosophe païen converti à l'âge de 30 ans. Il ouvrit à Rome une école de catéchistes et défendit, par ses écrits, la foi chrétienne. Décapité sous Marc Aurèle.

Antienne d'ouverture
**Les païens m'ont conté des fables :
que valaient-elles au regard de ta loi ? Pour moi, devant les rois,
je parlerai de ton alliance sans craindre la honte.** (cf. Ps 118, 85. 46)

Prière
Dieu qui as donné à saint Justin, ton martyr, de trouver dans la folie de la croix la connaissance incomparable de Jésus Christ, accorde-nous, par son intercession, de rejeter les erreurs qui nous entourent et d'être affermis dans la foi. Par Jésus Christ… — *Amen.*

Lecture
du livre de Tobie (2, 9-14)

« Je finis par devenir complètement aveugle »

Cette nuit-là, lors de la fête de la Pentecôte, après avoir enterré un mort, moi, Tobith, je pris un bain, puis j'entrai dans la cour de ma maison et je m'étendis contre le mur de la cour, le visage découvert à cause de la chaleur. Je ne m'aperçus pas qu'il y avait des moineaux dans le mur, au-dessus de moi, et leur fiente me tomba toute chaude dans les yeux et provoqua des leucomes. Je me rendis chez les médecins pour être soigné,

MARDI 1ᴱᴿ JUIN 2021

mais plus ils m'appliquaient leurs baumes, plus ce voile blanchâtre m'empêchait de voir, et je finis par devenir complètement aveugle : je restai privé de la vue durant quatre ans. Tous mes frères s'apitoyaient sur mon sort, et Ahikar pourvut à mes besoins pendant deux ans jusqu'à son départ pour l'Élymaïde. Pendant ce temps-là, ma femme Anna, pour gagner sa vie, exécutait des travaux d'ouvrière, qu'elle livrait à ses patrons, et ceux-ci lui réglaient son salaire. Or, le sept du mois de Dystros, elle acheva une pièce de tissu et l'envoya à ses patrons ; ils lui réglèrent tout ce qu'ils lui devaient et, pour un repas de fête, ils lui offrirent un chevreau pris à sa mère. Arrivé chez moi, le chevreau se mit à bêler. J'appelai ma femme et lui dis : « D'où vient ce chevreau ? N'aurait-il pas été volé ? Rends-le à ses propriétaires. Car nous ne sommes pas autorisés à manger quoi que ce soit de volé ! » Elle me dit : « Mais c'est un cadeau qu'on m'a donné en plus de mon salaire ! » Je refusai de la croire, je lui dis de rendre l'animal à ses propriétaires, et je me fâchai contre ma femme à cause de cela. Alors elle me répliqua : « Qu'en est-il donc de tes aumônes ? Qu'en est-il de tes bonnes œuvres ? On voit bien maintenant ce qu'elles signifient ! »
– Parole du Seigneur.

MARDI 1ᵉʳ JUIN 2021

Psaume 111 (112)

℟ *Le juste est confiant : le cœur ferme, il s'appuie sur le Seigneur.*
OU *Alléluia !*

Heureux qui craint le Seigneur,
qui aime entièrement sa volonté !
Sa lignée sera puissante sur la terre ;
la race des justes est bénie. ℟

Il ne craint pas l'annonce d'un malheur :
le cœur ferme, il s'appuie sur le Seigneur.

Son cœur est confiant, il ne craint pas :
il verra ce que valaient ses oppresseurs. ℟

À pleines mains, il donne au pauvre ;
à jamais se maintiendra sa justice,
sa puissance grandira, et sa gloire ! ℟

Acclamation de l'Évangile

Alléluia. Alléluia. Que le Père de notre Seigneur Jésus Christ ouvre à sa lumière les yeux de notre cœur, pour que nous percevions l'espérance que donne son appel. ***Alléluia.***

Évangile de Jésus Christ

selon saint Marc (12, 13-17)

« Ce qui est à César, rendez-le à César, et à Dieu ce qui est à Dieu »

En ce temps-là, on envoya à Jésus des pharisiens et des partisans d'Hérode pour lui tendre un piège en le faisant parler, et ceux-ci vinrent lui dire : « Maître, nous le savons : tu es toujours vrai ; tu ne te laisses influencer par personne, car ce n'est pas selon l'apparence

MARDI 1ER JUIN 2021

que tu considères les gens, mais tu enseignes le chemin de Dieu selon la vérité. Est-il permis, oui ou non, de payer l'impôt à César, l'empereur ? Devons-nous payer, oui ou non ? » Mais lui, sachant leur hypocrisie, leur dit : « Pourquoi voulez-vous me mettre à l'épreuve ? Faites-moi voir une pièce d'argent. » Ils en apportèrent une, et Jésus leur dit : « Cette effigie et cette inscription, de qui sont-elles ? – De César », répondent-ils. Jésus leur dit : « Ce qui est à César, rendez-le à César, et à Dieu ce qui est à Dieu. » Et ils étaient remplis d'étonnement à son sujet.

Prière sur les offrandes
Accorde-nous, Seigneur, de participer dignement au mystère de l'eucharistie que saint Justin défendit avec courage. Par Jésus… — **Amen.**

Antienne de la communion
Je ne veux rien savoir,
sinon Jésus Christ,
et Jésus Christ crucifié.
(1 Co 2, 2)

Prière après la communion
Déjà réconfortés par le pain du ciel, nous t'adressons, Seigneur, cette humble prière : qu'en suivant les leçons de saint Justin, ton martyr, nous demeurions dans l'action de grâce pour les dons que nous avons reçus. Par Jésus… — **Amen.**

MARDI 1ᵉʳ JUIN 2021

INVITATION
Au début de ce mois, je confie au Seigneur une situation qui me donne de la joie.

1ᵉʳ-5

COMMENTAIRE

Parler la langue du bien
Marc 12, 13-17

Pharisiens et partisans d'Hérode veulent tendre un piège à Jésus « en le faisant parler ». Nous ne le savons que trop : la langue peut semer la paix ou la zizanie, la vie ou la mort. Jésus, lui, ne tombe pas dans le piège. Il sait quand se taire ou quand parler, quand répondre ou quand subtilement déplacer le terrain de la conversation. À son image, faisons de notre langue un instrument de bienveillance, de miséricorde et de réconfort ! ■

Père Bertrand Lesoing, communauté Saint-Martin

MERCREDI 2 JUIN 2021

9ᴱ SEMAINE DU TEMPS ORDINAIRE COULEUR LITURGIQUE : VERT

*Temps ordinaire, suggestion d'oraisons et d'antiennes n° 30
ou saint Pothin, sainte Blandine et leurs compagnons, voir p. 24,
ou saint Marcellin et saint Pierre*

Antienne d'ouverture
Soyez dans la joie, vous qui cherchez Dieu. Cherchez le Seigneur et sa force, sans vous lasser, recherchez son visage. (Ps 104, 3-4)

Prière
Dieu éternel et tout-puissant, augmente en nous la foi, l'espérance et la charité ; et pour que nous puissions obtenir ce que tu promets, fais-nous aimer ce que tu commandes. Par Jésus Christ… — **Amen.**

Lecture

du livre de Tobie (3, 1-11. 16-17a)

« La prière de l'un et de l'autre fut portée en présence de la gloire de Dieu où elle fut entendue »

En ces jours-là, la mort dans l'âme, moi, Tobith, je gémissais et je pleurais ; puis, au milieu de mes gémissements, je commençai à prier : « Tu es juste, Seigneur, toutes tes œuvres sont justes, tous tes chemins, miséricorde et vérité ; c'est toi qui juges le monde. Et maintenant, Seigneur, souviens-toi de moi et regarde : ne me punis pas pour mes péchés, mes égarements, ni pour ceux de mes pères, qui ont péché devant toi et refusé d'entendre tes commandements. Tu nous as livrés au pillage, à la déportation et à la mort, pour être la fable, la risée, le sarcasme de toutes les nations où tu nous as disséminés. Et maintenant encore, ils sont vrais les nombreux jugements que tu portes contre moi, pour mes péchés et ceux de mes pères, car nous n'avons pas pratiqué tes commandements ni marché dans la vérité devant toi. Et maintenant, agis avec moi comme il te plaira, ordonne que mon souffle me soit repris, pour que je disparaisse de la face de la terre et devienne, moi-même, terre. Pour moi, mieux vaut mourir que vivre, car j'ai entendu des insultes mensongères, et je suis accablé de tristesse. Seigneur, ordonne que je sois délivré de cette adversité, laisse-moi partir au séjour éternel, et ne détourne pas de moi ta face, Seigneur. Car, pour moi, mieux vaut mourir que connaître tant d'adversités à longueur de vie. Ainsi, je n'aurai plus à entendre de telles insultes. »

Or ce jour-là, Sarra, la fille de Ragouël d'Ecbatane en Médie, se fit, elle aussi, insulter par une jeune servante de son père : elle avait été mariée sept fois, et Asmodée, le pire des démons, tuait les maris avant qu'ils ne se soient approchés d'elle. Donc, la servante dit à Sarra : « C'est toi qui as tué tes maris ! En voilà déjà sept à qui tu as été donnée en mariage, et d'aucun d'entre eux tu n'as porté le nom. Pourquoi nous fouetter, sous prétexte que tes maris sont morts ? Va les rejoindre : puissions-nous ne jamais voir de toi un fils ni une fille ! » Ce jour-là, Sarra, la mort dans l'âme, se mit à pleurer. Et elle monta dans la chambre haute de la maison de son père avec l'intention de se pendre. Mais, à la réflexion, elle se dit : « Eh bien, non ! On irait insulter mon père et lui dire : "Tu n'avais qu'une fille, une fille très aimée, et elle s'est pendue à cause de ses malheurs !" Je ferais ainsi descendre

MERCREDI 2 JUIN 2021

mon vieux père plein de tristesse au séjour des morts. Mieux vaut pour moi ne pas me pendre, mais supplier le Seigneur de me faire mourir, pour que je n'aie plus à entendre de telles insultes à longueur de vie. » À l'instant même, elle étendit les mains vers la fenêtre et fit cette prière : « Béni sois-tu, Dieu de miséricorde ; béni soit ton nom pour les siècles ; que toutes tes œuvres te bénissent à jamais ! » À cet instant précis, la prière de l'un et de l'autre fut portée en présence de la gloire de Dieu où elle fut entendue. Et Raphaël* fut envoyé pour les guérir tous deux : à Tobith pour enlever le voile blanchâtre qui couvrait ses yeux afin que, de ses yeux, il voie la lumière de Dieu, et à Sarra, fille de Ragouël, pour la donner en mariage à Tobie, fils de Tobith, et expulser d'elle Asmodée, le pire des démons ; en effet c'est à Tobie que revenait le droit de l'épouser plutôt qu'à tous ses prétendants.

– Parole du Seigneur.

Psaume 24 (25)

℟ **Vers toi, Seigneur, j'élève mon âme.**

Je m'appuie sur toi : épargne-moi la honte ;
ne laisse pas triompher mon ennemi.
Pour qui espère en toi, pas de honte,
mais honte et déception pour qui trahit. ℟

Seigneur, enseigne-moi tes voies,
fais-moi connaître ta route.
Dirige-moi par ta vérité, enseigne-moi,
car tu es le Dieu qui me sauve. ℟

Rappelle-toi, Seigneur, ta tendresse,
ton amour qui est de toujours.
Dans ton amour, ne m'oublie pas,
en raison de ta bonté, Seigneur. ℟

Il est droit, il est bon, le Seigneur,
lui qui montre aux pécheurs le chemin.

Sa justice dirige les humbles,
il enseigne aux humbles son chemin. ℟

Acclamation de l'Évangile
Alléluia. Alléluia. Moi, je suis la résurrection et la vie, dit le Seigneur. Celui qui croit en moi ne mourra jamais. ***Alléluia.***

Évangile de Jésus Christ
selon saint Marc (12, 18-27)

« Il n'est pas le Dieu des morts, mais des vivants »

En ce temps-là, des sadducéens – ceux qui affirment qu'il n'y a pas de résurrection – vinrent trouver Jésus. Ils l'interrogeaient : « Maître, Moïse nous a prescrit : *Si un homme a un frère qui meurt en laissant une femme, mais aucun enfant, il doit épouser la veuve pour susciter une descendance à son frère.* Il y avait sept frères ; le premier se maria, et mourut sans laisser de descendance. Le deuxième épousa la veuve, et mourut sans laisser de descendance. Le troisième pareillement. Et aucun des sept ne laissa de descendance. Et en dernier, après eux tous, la femme mourut aussi. À la résurrection, quand ils ressusciteront, duquel d'entre eux sera-t-elle l'épouse, puisque les sept l'ont eue pour épouse ? » Jésus leur dit : « N'êtes-vous pas en train de vous égarer, en méconnaissant les Écritures et la puissance de Dieu ? Lorsqu'on ressuscite d'entre les morts, on ne prend ni femme ni mari, mais on est comme les anges dans les cieux. Et sur le fait que les morts ressuscitent, n'avez-vous pas lu dans le livre de Moïse,

MERCREDI 2 JUIN 2021

au récit du buisson ardent, comment Dieu lui a dit : *Moi, je suis le Dieu d'Abraham, le Dieu d'Isaac, le Dieu de Jacob ?* Il n'est pas le Dieu des morts, mais des vivants. Vous vous égarez complètement. »

Prière sur les offrandes
Regarde les présents déposés devant toi, Seigneur notre Dieu : permets que notre célébration contribue d'abord à ta gloire. Par Jésus… — **Amen.**

Antienne de la communion
Joyeux d'être sauvés, nous acclamons le nom de notre Dieu.
(Ps 19, 6)
OU
Le Christ nous a aimés et s'est livré pour nous en offrant à Dieu le seul sacrifice qui soit digne de lui.
(Ep 5, 2)

Prière après la communion
Que tes sacrements, Seigneur, achèvent de produire en nous ce qu'ils signifient, afin que nous entrions un jour en pleine possession du mystère que nous célébrons dans ces rites. Par Jésus… — **Amen.**

INVITATION

« Que cette eucharistie serve à notre guérison », nous dit la prière après la communion de saint Pothin, sainte Blandine et leurs compagnons, fêtés ce jour. Je prie pour les personnes qui apportent la communion aux malades.

MERCREDI 2 JUIN 2021

COMMENTAIRE

Avancer éclairés — Marc 12, 18-27

Des sadducéens posent une question à Jésus, qui y répond… partiellement. Comme il répond de manière bien partielle à nombre de questions que nous nous posons. La foi ne nous donne pas la science infuse, elle n'est pas un kit de réponses toutes faites. Mais elle est cette lumière qui nous permet d'avancer pas à pas au milieu des obscurités. ■

Père Bertrand Lesoing, communauté Saint-Martin

✶ CLÉ DE LECTURE

« Raphaël » — Tobie 3, 17 *(p. 20)*

Le roman de Tobie (vers 200 av. J.-C.) raconte l'histoire douloureuse de deux familles de déportés, l'une en Babylonie, l'autre en Médie. Malgré leur fidélité au Dieu d'Israël et l'observation scrupuleuse de la Loi, le désespoir et la mort guettent : un vieil homme aveugle et une jeune femme demandent à Dieu de les laisser mourir. Alors apparaît un personnage discret qui propose de guider le jeune Tobie dans son voyage vers la Médie : un envoyé de Dieu qui a pour nom Raphaël, c'est-à-dire en araméen « Dieu guérit ». Raphaël n'est autre que la manifestation de la présence bienveillante de Dieu auprès des siens, malgré les apparences ; c'est lui qui ouvrira les yeux du vieux Tobith et qui permettra le mariage de Sarra avec Tobie, en signe de la vie rendue ! ■

Roselyne Dupont-Roc, bibliste

MERCREDI 2 JUIN 2021

Saint Pothin, sainte Blandine et leurs compagnons

Couleur liturgique : rouge

IIe siècle. Parmi la cinquantaine de chrétiens martyrisés à Lyon, figuraient le vieil évêque Pothin, le diacre Sanctus, l'adolescent Ponticus et la petite esclave Blandine.

Antienne d'ouverture
Ils se réjouissent dans les cieux, les saints qui ont suivi les traces du Christ ; et parce qu'ils ont répandu leur sang pour son amour, ils sont dans l'allégresse avec lui pour l'éternité.

Prière
Tu as donné, Seigneur, à ceux qui furent les prémices de la foi en notre pays, saint Pothin, sainte Blandine et leurs compagnons, d'affirmer jusqu'à la mort leur joie d'être chrétiens ; rends-nous dignes de toujours mieux te connaître, afin qu'à leur exemple, le bien que nous ferons témoigne de la puissance de ton amour. Par Jésus... — **Amen.**

Prière sur les offrandes
Puisse le sacrifice que nous te présentons, Seigneur, en mémoire du triomphe des saints Pothin, Blandine et leurs compagnons, allumer en nos cœurs le feu de ton amour et nous obtenir les biens que tu promets à ceux qui restent fidèles. Par Jésus... — **Amen.**

Antienne de la communion
« Il n'y a pas de plus grand amour que de donner sa vie pour ses amis », dit le Seigneur.
(Jn 15, 13)

Prière après la communion
Entretiens en nous, Seigneur, le don que nous avons reçu de ta bonté en la fête des bienheureux martyrs Pothin, Blandine et leurs compagnons ; que cette eucharistie serve à notre guérison et nous apporte la paix. Par Jésus... — **Amen.**

JEUDI 3 JUIN 2021

9ᴱ SEMAINE DU TEMPS ORDINAIRE COULEUR LITURGIQUE : ROUGE

Saint Charles Lwanga et ses compagnons
XIXᵉ siècle. De 1885 à 1887, vingt-deux jeunes chrétiens d'Ouganda – dont le chef des pages Charles Lwanga – furent brûlés vifs sur l'ordre du roi.

Antienne d'ouverture
**Sur terre, les martyrs ont versé leur sang pour le Christ ;
aussi ont-ils reçu leur récompense dans le ciel.**

Prière
Seigneur notre Dieu, tu as fait que le sang des martyrs soit une semence de chrétiens ; accorde à l'Église, que saint Charles Lwanga et ses compagnons ont fécondée par leur sang, de te donner une abondante moisson. Par Jésus Christ…
— **Amen.**

Lecture
du livre de Tobie (6, 10-11 ; 7, 1. 9-17 ; 8, 4-9a)

*« Daigne me faire miséricorde, ainsi qu'à elle,
et nous mener ensemble à un âge avancé. »*

En ces jours-là, quand Raphaël fut entré en Médie et que déjà il approchait d'Ecbatane, il dit au garçon : « Tobie, mon frère », et celui-ci répondit : « Qu'y a-t-il ? » Raphaël reprit : « Nous devons loger cette nuit chez Ragouël. Cet homme est ton parent, et il a une fille qui s'appelle Sarra. » Entré à Ecbatane, Tobie dit à Raphaël : « Azarias, mon frère, conduis-moi tout droit chez notre frère Ragouël. » Raphaël

le conduisit donc chez Ragouël. Ils le trouvèrent assis à l'entrée de la cour et le saluèrent les premiers. Il leur répondit : « Grande joie à vous, frères, soyez les bienvenus ! », et il les fit entrer dans sa maison. Tobie et Raphaël prirent un bain, ils se lavèrent, avant de prendre place pour le repas. Puis, Tobie dit à Raphaël : « Azarias, mon frère, demande à Ragouël de me donner en mariage Sarra ma parente. » Ragouël entendit ces mots et dit au jeune Tobie : « Cette nuit, mange, bois, prends du bon temps : toi seul as le droit d'épouser ma fille Sarra, et moi-même je n'ai pas le pouvoir de la donner à un autre homme, puisque tu es mon plus proche parent. Pourtant, je dois te dire la vérité, mon enfant : je l'ai donnée en mariage à sept de nos frères, et ils sont morts la nuit même, au moment où ils allaient s'approcher d'elle. Mais à présent, mon enfant, mange et bois : le Seigneur interviendra en votre faveur. » Tobie répliqua : « Je ne mangerai ni ne boirai rien, tant que tu n'auras pas pris de décision à mon sujet. » Ragouël lui dit : « Soit ! elle t'est donnée en mariage selon le décret du Livre de Moïse ; c'est un jugement du ciel qui te l'a accordée. Emmène donc ta sœur. Car, dès à présent, tu es son frère et elle est ta sœur. À partir d'aujourd'hui elle t'est donnée pour toujours. Que le Seigneur du ciel veille sur vous cette nuit, mon enfant, et vous comble de sa miséricorde et de sa paix ! »
Ragouël appela Sarra, qui vint vers lui. Il prit la main de sa fille et la confia à Tobie, en disant : « Emmène-la : conformément à la Loi et au décret consigné dans le Livre de Moïse, elle t'est donnée pour femme. Prends-la et conduis-la en bonne santé chez ton père. Et que le Dieu du ciel vous guide dans la paix ! » Puis

JEUDI 3 JUIN 2021

il appela sa femme et lui dit d'apporter une feuille sur laquelle il écrivit l'acte de mariage, selon lequel il donnait Sarra à Tobie conformément au décret de la loi de Moïse. Après quoi, on commença à manger et à boire. Ragouël s'adressa à sa femme Edna : « Va préparer la seconde chambre, ma sœur, et tu y conduiras notre fille. » Elle s'en alla préparer le lit dans la chambre, comme Ragouël l'avait demandé, y conduisit sa fille et pleura sur elle. Puis, elle essuya ses larmes et lui dit : « Confiance, ma fille ! Que le Seigneur du ciel change ta douleur en joie ! Confiance, ma fille ! » Puis elle se retira.

Quand les parents de Sarra eurent quitté la chambre et fermé la porte, Tobie sortit du lit et dit à Sarra : « Lève-toi, ma sœur. Prions, et demandons à notre Seigneur de nous combler de sa miséricorde et de son salut. » Elle se leva, et ils se mirent à prier et à demander que leur soit accordé le salut. Tobie commença ainsi : « Béni sois-tu, Dieu de nos pères ; béni soit ton nom dans toutes les générations, à jamais. Que les cieux te bénissent et toute ta création dans tous les siècles. C'est toi qui as fait Adam ; tu lui as fait une aide et un appui : Ève, sa femme. Et de tous deux est né le genre humain*. C'est toi qui as dit : "Il n'est pas bon que l'homme soit seul. Je vais lui faire une aide qui lui soit semblable." Aussi, ce n'est pas pour une union illégitime que je prends ma sœur que voici, mais dans la vérité de la Loi. Daigne me faire miséricorde, ainsi qu'à elle, et nous mener ensemble à un âge avancé. » Puis ils dirent d'une seule voix : « Amen ! Amen ! » Et ils se couchèrent pour la nuit.
– Parole du Seigneur.

JEUDI 3 JUIN 2021

Psaume 127 (128)

℟ **Heureux qui craint le Seigneur !**

Heureux qui craint le Seigneur
et marche selon ses voies !
Tu te nourriras du travail de tes mains :
Heureux es-tu ! À toi, le bonheur ! ℟

Ta femme sera dans ta maison
comme une vigne généreuse,

et tes fils, autour de la table,
comme des plants d'olivier. ℟

Voilà comment sera béni
l'homme qui craint le Seigneur.
De Sion, que le Seigneur te bénisse !
Tu verras le bonheur de Jérusalem
tous les jours de ta vie. ℟

Acclamation de l'Évangile

Alléluia. Alléluia. Notre Sauveur, le Christ Jésus, a détruit la mort ; il a fait resplendir la vie par l'Évangile. *Alléluia.*

Évangile de Jésus Christ

selon saint Marc (12, 28b-34)

« Il n'y a pas de commandement plus grand que ceux-là »

En ce temps-là, un scribe s'avança pour demander à Jésus : « Quel est le premier de tous les commandements ? » Jésus lui fit cette réponse : « Voici le premier : *Écoute, Israël : le Seigneur notre Dieu est l'unique Seigneur. Tu aimeras le Seigneur ton Dieu de tout ton cœur, de toute ton âme, de tout ton esprit et de toute ta force.* Et voici le second : *Tu aimeras ton prochain comme toi-même.* Il n'y a pas de commandement plus grand

JEUDI 3 JUIN 2021

que ceux-là. » Le scribe reprit : « Fort bien, Maître, tu as dit vrai : Dieu est l'Unique et il n'y en a pas d'autre que lui. L'aimer de tout son cœur, de toute son intelligence, de toute sa force, et aimer son prochain comme soi-même, vaut mieux que toute offrande d'holocaustes et de sacrifices. » Jésus, voyant qu'il avait fait une remarque judicieuse, lui dit : « Tu n'es pas loin du royaume de Dieu. » Et personne n'osait plus l'interroger.

Prière sur les offrandes
Nous te présentons, Seigneur, nos offrandes et nous te supplions humblement : toi qui as accordé à tes martyrs la force de préférer la mort au péché, donne-nous de te servir à cet autel avec un cœur entièrement tourné vers toi. Par Jésus… — **Amen.**

Antienne de la communion
Ni la mort, ni la vie, ni aucune créature ne pourra nous séparer de l'amour du Christ. (cf. Rm 8, 38-39)

Prière après la communion
Tu nous as fortifiés par tes mystères, Seigneur, tandis que nous rappelons la victoire de tes martyrs ; c'est dans l'eucharistie qu'ils ont trouvé le courage de supporter leurs supplices : fais qu'au milieu des épreuves, nous y trouvions, à notre tour, une foi et une charité sans défaillance. Par Jésus… — **Amen.**

INVITATION
Je peux apporter mon soutien financier à un projet solidaire en Ouganda.

JEUDI 3 JUIN 2021

COMMENTAIRE

S'aimer soi-même
Marc 12, 28b-34

Un, deux, trois… Un scribe demande à Jésus quel est le premier de tous les commandements. Jésus répond en présentant deux commandements qui n'en font qu'un : l'amour de Dieu et l'amour du prochain. Subrepticement, s'introduit un troisième commandement : pour aimer Dieu et son prochain, il faut commencer par s'accepter et s'aimer soi-même, avec ses pauvretés et ses imperfections. ■

Père Bertrand Lesoing, communauté Saint-Martin

✶ CLÉ DE LECTURE

« Est né le genre humain »
Tobie 8, 5 *(p. 27)*

L'union de Tobie et de Sarra illuminée par la prière de Tobie est une relecture du livre de la Genèse (Gn 2) : « De tout deux est né le genre humain. » Dans un monde où l'exil et la mort semblaient fermer l'avenir, c'est une nouvelle création que les jeunes époux inaugurent, sous la bénédiction que Dieu ne cesse de prononcer, appelant à une nouvelle naissance. Ici, comme dans la Genèse et dans tant de récits *bibliques*, la vie surgit du chaos, de la mort traversée. Sans relâche, Dieu recrée l'humanité et l'invite à bénir. Certes, derrière les jeunes gens, l'histoire est déjà lourde de moments difficiles – et il n'est pas dit qu'ils ne reviendront pas, mais ils affirment dans la joie qu'au-delà des échecs et de la mort, la bénédiction de Dieu appelle toujours à la vie. ■

Roselyne Dupont-Roc, bibliste

VENDREDI 4 JUIN 2021

9ᵉ SEMAINE DU TEMPS ORDINAIRE COULEUR LITURGIQUE : VERT

Temps ordinaire, *suggestion d'oraisons et d'antiennes nº 31*
ou **sainte Clotilde,** *voir p. 36*

Antienne d'ouverture
Ne m'abandonne pas, Seigneur, mon Dieu, ne reste pas loin de moi. Hâte-toi de venir à mon aide, toi, ma force et mon salut. (Ps 37, 22-23)

Prière
Dieu de puissance et de miséricorde, c'est ta grâce qui donne à tes fidèles de pouvoir dignement te servir ; accorde-nous de progresser sans que rien ne nous arrête vers les biens que tu promets. Par Jésus Christ… — **Amen.**

Lecture
du livre de Tobie (11, 5-17)

« Dieu m'avait frappé, mais voici que je revois mon fils »

En ces jours-là, Anna était assise à l'entrée de la cour et surveillait la route par laquelle son fils était parti. Elle le reconnut qui arrivait et cria à Tobith : « Voici ton fils qui revient, et aussi son compagnon de voyage. » Raphaël dit à Tobie, avant que celui-ci ne s'approche de son père : « J'ai la certitude que ses yeux vont s'ouvrir. Étale sur eux le fiel du poisson ; le remède provoquera la contraction des yeux et en détachera le voile blanchâtre. Ton père retrouvera la vue et verra la lumière. » Anna courut se jeter au cou de son fils et lui dit : « Je te revois, mon enfant. À présent, je

VENDREDI 4 JUIN 2021

peux mourir ! » Et elle se mit à pleurer. Quant à Tobith, il se leva et franchit l'entrée de la cour en trébuchant. Tobie alla vers lui, le fiel du poisson à la main. Il lui souffla dans les yeux, le saisit et lui dit : « Confiance, père ! » Puis il lui appliqua le remède et en rajouta. Ensuite, de ses deux mains, il lui retira les pellicules en partant du coin des yeux. Tobith se jeta alors au cou de son fils et lui dit en pleurant : « Je te revois, mon enfant, toi, la lumière de mes yeux ! » Et il ajouta : « Béni soit Dieu ! Béni soit son grand nom ! Bénis soient tous ses saints anges ! Que son grand nom soit sur nous ! Bénis soient tous les anges pour tous les siècles ! Car Dieu m'avait frappé, mais voici que je revois mon fils Tobie. »

Tobie entra dans la maison, tout joyeux et bénissant Dieu à pleine voix. Il raconta à son père qu'il avait fait bon voyage, qu'il rapportait l'argent et comment il avait épousé Sarra, la fille de Ragouël : « La voilà qui arrive, ajouta-t-il ; elle est aux portes de Ninive. » Tobith partit à la rencontre de sa belle-fille, aux portes de Ninive ; il était tout joyeux et bénissait Dieu. En le voyant marcher d'un pas ferme et traverser la ville sans que personne le conduise par la main, les habitants furent émerveillés, et Tobith proclamait que Dieu l'avait pris en pitié et lui avait rouvert les yeux. Quand il arriva près de Sarra, la femme de son fils Tobie, il la bénit en disant : « Sois la bienvenue, ma fille ! Béni soit ton Dieu de t'avoir menée vers nous ! Béni soit ton père ! Béni soit mon fils Tobie et bénie sois-tu, ma fille ! Sois la bienvenue dans ta maison, sois comblée de bénédiction et de joie. Entre, ma fille ! » Ce jour-là fut un jour de joie pour les Juifs qui habitaient Ninive.

– Parole du Seigneur.

VENDREDI 4 JUIN 2021

Psaume 145 (146)
℟ *Chante, ô mon âme, la louange du Seigneur!* OU *Alléluia!*

Je veux louer le Seigneur tant que je vis,
chanter mes hymnes
  pour mon Dieu tant que je dure.
Heureux qui s'appuie sur le Dieu de Jacob,
qui met son espoir dans le Seigneur son Dieu. ℟

Il garde à jamais sa fidélité,
il fait justice aux opprimés,
aux affamés, il donne le pain ;
le Seigneur délie les enchaînés. ℟

Le Seigneur ouvre les yeux des aveugles,
le Seigneur redresse les accablés,
le Seigneur aime les justes,
le Seigneur protège l'étranger. ℟

Il soutient la veuve et l'orphelin,
il égare les pas du méchant.
D'âge en âge, le Seigneur régnera :
ton Dieu, ô Sion, pour toujours ! ℟

Acclamation de l'Évangile
Alléluia. Alléluia. Si quelqu'un m'aime, il gardera ma parole, dit le Seigneur ; mon Père l'aimera, et nous viendrons vers lui. ***Alléluia.***

Évangile de Jésus Christ
selon saint Marc (12, 35-37)

« Comment les scribes peuvent-ils dire que le Messie est le fils de David ? »

En ce temps-là, quand Jésus enseignait dans le Temple, il déclarait : « Comment les scribes peuvent-ils dire que le Messie est le fils de David ? David lui-même a dit, inspiré par l'Esprit Saint : *Le Seigneur a dit à mon*

VENDREDI 4 JUIN 2021

Seigneur : "Siège à ma droite jusqu'à ce que j'aie placé tes ennemis sous tes pieds !" David lui-même le nomme Seigneur. D'où vient* alors qu'il est son fils ? » Et la foule nombreuse l'écoutait avec plaisir.

Prière sur les offrandes
Seigneur, que cette eucharistie soit pour toi une offrande pure, et pour nous, le don généreux de ta miséricorde. Par Jésus… — **Amen.**

Antienne de la communion
Tu m'as montré, Seigneur, la route de la vie, tu m'as rempli de joie par ta présence. (Ps 15, 11)
OU
« De même que le Père, qui est la vie, m'a envoyé, et que moi, je vis par le Père, dit le Seigneur, de même aussi celui qui me mange vivra par moi. » (Jn 6, 57)

Prière après la communion
De plus en plus, Seigneur, exerce en nous ta puissance : afin que, fortifiés par tes sacrements, nous devenions capables, avec ta grâce, d'entrer en possession des biens qu'ils promettent. Par Jésus…
— **Amen.**

INVITATION

Saint Philippe Smaldone, fêté aussi ce jour, consacra sa vie aux sourds et muets. J'apprends à dire « Je t'aime » en langue des signes, je le partage autour de moi.

VENDREDI 4 JUIN 2021

COMMENTAIRE

Avec plaisir — Marc 12, 35-37

L'évangile de ce jour nous présente la foule en train d'écouter Jésus « avec plaisir ». Pourtant, les propos qu'il tient peuvent nous paraître bien obscurs. Par leur attitude, ces auditeurs nous rappellent que l'écoute de la Parole est toujours source d'une grande joie. Des détails peuvent nous échapper, de longs silences s'installer, mais le Seigneur est là ; il ne cesse de parler et de s'adresser à chacun d'entre nous personnellement ! ■

Père Bertrand Lesoing, communauté Saint-Martin

✣ CLÉ DE LECTURE

« D'où vient » — Marc 12, 37 *(p. 34)*

La tradition ancienne considère que Jésus était de la lignée de David : le peuple voyait en lui un nouveau Salomon, le roi guérisseur (Mc 11, 10), et Paul le nomme « fils de David selon la chair » (Rm 1, 3). Mais Jésus remet le titre en question. Il remarque que David, l'auteur présumé des psaumes, appelle « mon seigneur » le roi messie désigné par Dieu (Ps 109 [110], 1) ; avec son ironie coutumière, il renvoie la question : « D'où vient qu'il est son fils ? » D'où vient ? C'est la question qu'on pose à son sujet. D'où vient-il ? D'où vient sa sagesse, sa façon de nourrir la foule affamée (Mc 6, 2 ; 8, 4) ? Jésus laisse la question en suspens. Mais ses disciples répondront dans la foi : Paul le confesse « Fils de Dieu avec puissance par sa résurrection » (Rm 1, 4). ■

Roselyne Dupont-Roc, bibliste

VENDREDI 4 JUIN 2021

Sainte Clotilde

Couleur liturgique : blanc

VIe siècle. Épouse de Clovis, roi des Francs. Elle joua un rôle important dans la conversion de son mari. À la mort de ce dernier, elle se retira à Tours, près de la tombe de saint Martin.

Antienne d'ouverture

La femme qui craint le Seigneur
est seule digne de louange ;
ses enfants la bénissent,
son mari fait son éloge.
(cf. Pr 31, 30. 28)

Prière

Regarde avec bonté, Seigneur, le peuple de France ; toi qui lui as fait le don de la foi sur les instances de sainte Clotilde, accorde-lui maintenant, par son intercession, un attachement sincère à ton service. Par Jésus Christ… — **Amen.**

Prière sur les offrandes

En te présentant, Seigneur, ce sacrifice pour fêter la mémoire de sainte Clotilde, nous t'adressons notre prière : qu'avec ton pardon il nous apporte le salut. Par Jésus… — **Amen.**

Antienne de la communion

Le royaume des Cieux
est comparable à un négociant
qui recherche des perles fines.
Ayant trouvé une perle
de grande valeur, il va vendre
tout ce qu'il possède,
et il achète la perle.
(Mt 13, 45-46)

Prière après la communion

Que cette eucharistie, Dieu tout-puissant, nous apporte lumière et ferveur en cette fête de sainte Clotilde : que nos cœurs brûlent toujours du désir de la sainteté, et que notre vie se passe à faire le bien. Par Jésus… — **Amen.**

SAMEDI 5 JUIN 2021

9ᴇ SEMAINE DU TEMPS ORDINAIRE   COULEUR LITURGIQUE : ROUGE

Saint Boniface
VIIIᵉ siècle. Ce bénédictin anglais fit connaître l'Évangile aux populations germaniques. Sacré archevêque de Mayence, il mourut assassiné. Apôtre de l'Allemagne.

Antienne d'ouverture
**Fêtons saint Boniface et tous les amis de Dieu,
dont la gloire fut de proclamer la vérité reçue du Seigneur.**

Prière
Permets, Seigneur, qu'à l'intercession de saint Boniface, nous puissions tenir sans défaillance et proclamer par toute notre vie la foi qu'il a lui-même enseignée, et dont il sut témoigner dans le martyre. Par Jésus Christ… — ***Amen.***

Lecture
du livre de Tobie (12, 1. 5-15. 20)

*« Et maintenant, bénissez le Seigneur !
Voici que je remonte auprès de celui qui m'a envoyé »*

En ces jours-là, quand les noces furent achevées, Tobith appela son fils Tobie et lui dit : « Mon enfant, pense à donner son salaire à ton compagnon de voyage, et ajoute un supplément. » Tobith appela Raphaël et lui dit : « Accepte comme salaire la moitié de tout ce que tu as rapporté, et va, porte-toi bien ! » Alors l'ange les prit tous deux à part et leur dit : « Bénissez Dieu et célébrez-le devant tous les vivants pour le bien qu'il vous a fait. Bénissez-le et chantez son nom. Annoncez à tous les

SAMEDI 5 JUIN 2021

hommes les actions de Dieu comme elles le méritent, et n'hésitez pas à le célébrer. S'il est bon de tenir cachés les secrets d'un roi, il faut révéler les œuvres de Dieu et les célébrer comme elles le méritent. Faites le bien, et le mal ne vous atteindra pas. Mieux vaut prier avec vérité et faire l'aumône avec justice, qu'être riche avec injustice. Mieux vaut faire l'aumône qu'amasser de l'or. L'aumône délivre de la mort et purifie de tout péché. Ceux qui font l'aumône seront rassasiés de vie, tandis que le pécheur et l'homme injuste sont leurs propres ennemis. Je veux vous révéler toute la vérité, sans rien vous cacher. Je viens de vous dire que, s'il est bon de tenir cachés les secrets d'un roi, il faut révéler les œuvres de Dieu comme elles le méritent.

Eh bien ! Quand tu priais en même temps que Sarra, c'était moi qui présentais votre prière devant la gloire de Dieu, pour qu'il la garde en mémoire, et je faisais de même lorsque tu enterrais les morts. Quand tu n'as pas hésité à te lever, à laisser ton repas et à partir enterrer un mort, c'est alors que j'ai été envoyé vers toi pour te mettre à l'épreuve, mais Dieu m'a aussi envoyé pour te guérir, ainsi que Sarra, ta belle-fille. Moi, je suis Raphaël, l'un des sept anges qui se tiennent ou se présentent devant la gloire du Seigneur. Et maintenant, bénissez le Seigneur sur la terre ! Célébrez Dieu ! Voici que je remonte auprès de celui qui m'a envoyé. Mettez par écrit tout ce qui vous est arrivé. » Alors l'ange remonta au ciel. – Parole du Seigneur.

SAMEDI 5 JUIN 2021

Cantique Tobie 13, 4, 2, 7, 8abc, 8defg

℟ Béni soit Dieu, le Vivant, à jamais !

C'est lui qui châtie et prend pitié,
qui fait descendre aux profondeurs des enfers
et retire de la grande perdition :
nul n'échappe à sa main. ℟

Regardez ce qu'il a fait pour vous,
rendez-lui grâce à pleine voix !
Bénissez le Seigneur de justice,
exaltez le Roi des siècles ! ℟

Et moi, en terre d'exil, je lui rends grâce ;
je montre sa grandeur et sa force
au peuple des pécheurs. ℟

« Revenez, pécheurs,
et vivez devant lui dans la justice.
Qui sait s'il ne vous rendra pas
son amour et sa grâce ! » ℟

Acclamation de l'Évangile

Alléluia. Alléluia. Heureux les pauvres de cœur, car le royaume des Cieux est à eux ! ***Alléluia.***

Évangile de Jésus Christ

selon saint Marc (12, 38-44)

« Cette pauvre veuve a mis dans le Trésor plus que tous les autres »

En ce temps-là, dans son enseignement, Jésus disait : « Méfiez-vous des scribes, qui tiennent à se promener en vêtements d'apparat et qui aiment les salutations sur les places publiques, les sièges d'honneur dans les synagogues, et les places d'honneur dans les dîners. Ils dévorent les

SAMEDI 5 JUIN 2021

biens des veuves et, pour l'apparence, ils font de longues prières : ils seront d'autant plus sévèrement jugés. » Jésus s'était assis dans le Temple en face de la salle du trésor, et regardait comment la foule y mettait de l'argent. Beaucoup de riches y mettaient de grosses sommes. Une pauvre veuve s'avança et mit deux petites pièces de monnaie. Jésus appela ses disciples et leur déclara : « Amen, je vous le dis : cette pauvre veuve a mis dans le Trésor plus que tous les autres. Car tous, ils ont pris sur leur superflu, mais elle, elle a pris sur son indigence : elle a mis tout ce qu'elle possédait, tout ce qu'elle avait pour vivre. »

Prière sur les offrandes
Regarde, Seigneur tout-puissant, le sacrifice que nous offrons en la fête de saint Boniface ; et donne-nous d'exprimer dans notre vie les mystères de la passion du Sauveur que nous célébrons dans ces rites sacrés. Par Jésus… — ***Amen.***

Antienne de la communion
« Allez dans le monde entier proclamer la Bonne Nouvelle. Et moi, dit le Seigneur, je suis avec vous tous les jours jusqu'à la fin des temps. »
(Mc 16, 15 ; Mt 28, 20)

Prière après la communion
Par la grâce de cette eucharistie, Seigneur, affermis tes serviteurs dans la vérité de la foi : qu'ils témoignent partout, de bouche et de cœur, à l'exemple de saint Boniface qui consacra toute sa vie à faire connaître l'Évangile. Par Jésus… — ***Amen.***

SAMEDI 5 JUIN 2021

INVITATION

Je peux prier le chapelet de Lourdes en le regardant en direct à 15 h 30 sur le site du sanctuaire www.lourdes-france.org.

1ᵉʳ - 5

COMMENTAIRE

Où sont amour et charité… Marc 12, 38-44

La figure de la pauvre veuve déposant ses deux petites pièces dans le Trésor est probablement l'une des plus émouvantes de tout l'Évangile. « Elle a pris sur son indigence », nous dit saint Marc : nos pauvretés sont nos vraies richesses. Là où nous pensons n'avoir rien à donner, rien à partager, là où nous pensons être dépourvus de talents, Dieu nous attend ! ∎

Père Bertrand Lesoing, communauté Saint-Martin

DIMANCHE 6 JUIN 2021

SAINT-SACREMENT DU CORPS ET DU SANG DU CHRIST

ANNÉE B COULEUR LITURGIQUE : BLANC

« Prenez, ceci est mon corps. »
Marc 14, 22

© Gaëtan Évrard

Le voici, le « pain des anges », le « pain de l'homme en route », s'exclame la séquence qui suit la première lecture. Quand nous en sommes privés, nous mesurons combien ce pain de vie nourrit nos cœurs, stimule notre foi, et nous fait pressentir « les biens éternels dans la terre des vivants ». Mais ce pain n'est pas tant un remède qu'une personne, Dieu vivant, qui vient à notre rencontre.

DIMANCHE 6 JUIN 2021

OUVERTURE DE LA CÉLÉBRATION

Chant d'entrée (Suggestions p. 247)
OU
Antienne d'ouverture
Le Seigneur a nourri son peuple de la fleur du froment,
il l'a rassasié du miel du rocher.
(cf. Ps 80, 17)

Suggestion de préparation pénitentielle (ou p. 220)
En ce jour où nous célébrons le Christ qui nous offre son corps en nourriture, tournons-nous vers Dieu et accueillons son pardon.
Seigneur Jésus, toi le pain de la foi, tu nous donnes en héritage le banquet du ciel, béni sois-tu et prends pitié de nous.
— ***Béni sois-tu et prends pitié de nous.***
Ô Christ, toi le pain de l'espérance, tu nous fais entrevoir dès maintenant les biens éternels. Béni sois-tu et prends pitié de nous.
— ***Béni sois-tu et prends pitié de nous.***
Seigneur, toi le pain de l'amour, tu invites les hommes à la joie et à l'allégresse du cœur, béni sois-tu et prends pitié de nous.
— ***Béni sois-tu et prends pitié de nous.***
Que Dieu tout-puissant nous fasse miséricorde ; qu'il nous pardonne nos péchés et nous conduise à la vie éternelle.
— ***Amen.***

DIMANCHE 6 JUIN 2021

Gloire à Dieu (p. 221)

Prière

Seigneur Jésus Christ, dans cet admirable sacrement, tu nous as laissé le mémorial de ta passion ; donne-nous de vénérer d'un si grand amour le mystère de ton corps et de ton sang, que nous puissions recueillir sans cesse le fruit de ta rédemption. Toi qui… — *Amen.*

LITURGIE DE LA PAROLE

Lecture du livre de l'Exode (24, 3-8)

« Voici le sang de l'Alliance que le Seigneur a conclue avec vous »

En ces jours-là, Moïse vint rapporter au peuple toutes les paroles du Seigneur et toutes ses ordonnances. Tout le peuple répondit d'une seule voix : « Toutes ces paroles que le Seigneur a dites, nous les mettrons en pratique. » Moïse écrivit toutes les paroles du Seigneur. Il se leva de bon matin et il bâtit un autel au pied de la montagne, et il dressa douze pierres pour les douze tribus d'Israël. Puis il chargea quelques jeunes garçons parmi les fils d'Israël d'offrir des holocaustes, et d'immoler au Seigneur des taureaux en sacrifice de paix. Moïse prit la moitié du sang et le mit dans des coupes ; puis il aspergea l'autel avec le reste du sang. Il prit le livre de l'Alliance et en fit la lecture au peuple. Celui-ci répondit : « Tout ce que le Seigneur a dit, nous le mettrons en pratique, nous y obéirons. » Moïse prit le sang, en aspergea

DIMANCHE 6 JUIN 2021

le peuple, et dit : « Voici le sang de l'Alliance que, sur la base de toutes ces paroles, le Seigneur a conclue avec vous. » – Parole du Seigneur.

Psaume 115 (116b)
℟ **J'élèverai la coupe du salut, j'invoquerai le nom du Seigneur.**
OU **Alléluia !**

T. : AELF ; M. : A. Gouzes ; Bayard.

Comment rendrai-je au Seigneur
tout le bien qu'il m'a fait ?
J'élèverai la coupe du salut,
j'invoquerai le nom du Seigneur. ℟

Retrouvez
ce psaume sur le CD
"Les psaumes
de l'année B"

DIMANCHE 6 JUIN 2021

Il en coûte au Seigneur
de voir mourir les siens !
Ne suis-je pas, Seigneur, ton serviteur,
moi, dont tu brisas les chaînes ?

℞ **J'élèverai la coupe du salut, j'invoquerai le nom du Seigneur.**
OU **Alléluia !**

Je t'offrirai le sacrifice d'action de grâce,
j'invoquerai le nom du Seigneur.
Je tiendrai mes promesses au Seigneur,
oui, devant tout son peuple. ℞

Lecture de la lettre aux Hébreux (9, 11-15)

« Le sang du Christ purifiera notre conscience »

Frères, le Christ est venu, grand prêtre des biens à venir. Par la tente plus grande et plus parfaite, celle qui n'est pas œuvre de mains humaines et n'appartient pas à cette création, il est entré une fois pour toutes dans le sanctuaire, en répandant, non pas le sang de boucs et de jeunes taureaux, mais son propre sang. De cette manière, il a obtenu une libération définitive.
S'il est vrai qu'une simple aspersion avec le sang de boucs et de taureaux, et de la cendre de génisse, sanctifie ceux qui sont souillés,

leur rendant la pureté de la chair, le sang du Christ fait bien davantage, car le Christ, poussé par l'Esprit éternel, s'est offert lui-même à Dieu comme une victime sans défaut ; son sang purifiera donc notre conscience des actes qui mènent à la mort, pour que nous puissions rendre un culte au Dieu vivant. Voilà pourquoi il est le médiateur d'une alliance nouvelle, d'un testament nouveau : puisque sa mort a permis le rachat des transgressions commises sous le premier Testament, ceux qui sont appelés peuvent recevoir l'héritage éternel jadis promis. – Parole du Seigneur.

Séquence

La séquence (ad libidum) peut être dite intégralement ou sous une forme abrégée à partir de : « **Le voici, le pain des anges...», p. 50.*

Sion, célèbre ton Sauveur,
chante ton chef et ton pasteur
par des hymnes et des chants.

Tant que tu peux, tu dois oser,
car il dépasse tes louanges,
   tu ne peux trop le louer.

Le Pain vivant, le Pain de vie,
il est aujourd'hui proposé
   comme objet de tes louanges.

DIMANCHE 6 JUIN 2021

Au repas sacré de la Cène,
il est bien vrai qu'il fut donné
   au groupe des douze frères.

Louons-le à voix pleine et forte,
que soit joyeuse et rayonnante
   l'allégresse de nos cœurs !

C'est en effet la journée solennelle
où nous fêtons de ce banquet divin
   la première institution.

À ce banquet du nouveau Roi,
la Pâque de la Loi nouvelle
   met fin à la Pâque ancienne.

L'ordre ancien le cède au nouveau,
la réalité chasse l'ombre,
   et la lumière, la nuit.

Ce que fit le Christ à la Cène,
il ordonna qu'en sa mémoire
   nous le fassions après lui.

Instruits par son précepte saint,
nous consacrons le pain, le vin,
   en victime de salut.

DIMANCHE 6 JUIN 2021

C'est un dogme pour les chrétiens
que le pain se change en son corps,
   que le vin devient son sang.

Ce qu'on ne peut comprendre et voir,
notre foi ose l'affirmer,
   hors des lois de la nature.

L'une et l'autre de ces espèces,
qui ne sont que de purs signes,
   voilent un réel divin.

Sa chair nourrit, son sang abreuve,
mais le Christ tout entier demeure
   sous chacune des espèces.

On le reçoit sans le briser,
le rompre ni le diviser ;
   il est reçu tout entier.

Qu'un seul ou mille communient,
il se donne à l'un comme aux autres,
   il nourrit sans disparaître.

Bons et mauvais le consomment,
mais pour un sort bien différent,
   pour la vie ou pour la mort.

DIMANCHE 6 JUIN 2021

Mort des pécheurs, vie pour les justes ;
vois : ils prennent pareillement ;
   quel résultat différent !

Si l'on divise les espèces,
n'hésite pas, mais souviens-toi
qu'il est présent dans un fragment
   aussi bien que dans le tout.

Le signe seul est partagé,
le Christ n'est en rien divisé,
ni sa taille ni son état
   n'ont en rien diminué.

* Le voici, le pain des anges,
il est le pain de l'homme en route,
le vrai pain des enfants de Dieu,
   qu'on ne peut jeter aux chiens.

D'avance il fut annoncé
par Isaac en sacrifice,
par l'agneau pascal immolé,
   par la manne de nos pères.

Ô bon Pasteur, notre vrai pain,
ô Jésus, aie pitié de nous,
nourris-nous et protège-nous,

fais-nous voir les biens éternels
   dans la terre des vivants.

Toi qui sais tout et qui peux tout,
toi qui sur terre nous nourris,
conduis-nous au banquet du ciel
et donne-nous ton héritage,
   en compagnie de tes saints.

Amen.

Acclamation de l'Évangile

Alléluia. Alléluia. Moi, je suis le pain vivant qui est descendu du ciel, dit le Seigneur ; si quelqu'un mange de ce pain, il vivra éternellement. **Alléluia.**

U 76-98 ; M. : P. Robert ; ADF-Musique.

DIMANCHE 6 JUIN 2021

Évangile de Jésus Christ selon saint Marc (14, 12-16. 22-26)

« Ceci est mon corps, ceci est mon sang »

Le premier jour de la fête des pains sans levain, où l'on immolait l'agneau pascal, les disciples de Jésus lui disent : « Où veux-tu que nous allions faire les préparatifs pour que tu manges la Pâque ? » Il envoie deux de ses disciples en leur disant : « Allez à la ville ; un homme portant une cruche d'eau viendra à votre rencontre. Suivez-le, et là où il entrera, dites au propriétaire : "Le Maître te fait dire : Où est la salle où je pourrai manger la Pâque avec mes disciples ?" Il vous indiquera, à l'étage, une grande pièce aménagée et prête pour un repas. Faites-y pour nous les préparatifs. » Les disciples partirent, allèrent à la ville ; ils trouvèrent tout comme Jésus leur avait dit, et ils préparèrent la Pâque.
Pendant le repas, Jésus, ayant pris du pain et prononcé la bénédiction, le rompit, le leur donna, et dit : « Prenez, ceci est mon corps. » Puis, ayant pris une coupe et ayant rendu grâce, il la leur donna, et ils en burent tous. Et il leur dit : « Ceci est mon sang, le sang de l'Alliance, versé pour la multitude. Amen, je vous le dis : je ne boirai plus du fruit de la vigne, jusqu'au jour où je le boirai, nouveau, dans le royaume de Dieu. » Après avoir chanté les psaumes, ils partirent pour le mont des Oliviers.

Homélie

Profession de foi (p. 222)

DIMANCHE 6 JUIN 2021

Suggestion de prière universelle

Le prêtre :
« Faites cela en mémoire de moi. » En ce jour où nous célébrons l'Alliance nouvelle, implorons le Christ, le pain de la vie, pour toute l'humanité.

℟ **Ô Christ ressuscité, exauce-nous.**

Missel noté de l'assemblée 35.32.

Le diacre ou un lecteur :

Seigneur Jésus, toi dont le corps a été rompu par amour, veille sur notre Église. Qu'à ton exemple, les chrétiens se donnent sans compter pour le bien de l'humanité. Ensemble, nous te prions. ℟

Seigneur Jésus, toi dont le corps partagé procure la vie, veille sur les décideurs de l'économie et de la société. Qu'en s'inspirant de toi, ils défendent la dignité de toute femme, de tout homme. Ensemble, nous te prions. ℟

Seigneur Jésus, toi dont le corps a connu la sueur et la douleur, veille sur les perdants des crises de la société. Qu'avec ta force, ils trouvent des amis prêts à lutter à leurs côtés. Ensemble, nous te prions. ℟

DIMANCHE 6 JUIN 2021

Seigneur Jésus, toi qui as encouragé les mariés de Cana, veille sur les jeunes de notre communauté chrétienne qui se préparent au mariage. Qu'ils grandissent dans l'amour, avec fidélité et patience. Avec le pape François, nous te prions. ℟

(Ces intentions seront adaptées ou modifiées selon les circonstances.)

Le prêtre :
Seigneur Jésus, pain de la vie et dispensateur de l'Alliance nouvelle, accueille nos prières et daigne les exaucer, toi qui règnes pour les siècles des siècles. — **Amen.**

LITURGIE EUCHARISTIQUE

Prière sur les offrandes
Accorde, Seigneur, à ton Église les biens de l'unité et de la paix, dont nos offrandes sont le signe dans le mystère eucharistique. Par Jésus… — **Amen.**

Prière eucharistique (Préface de l'eucharistie)
Vraiment, il est juste et bon de te rendre gloire, de t'offrir notre action de grâce, toujours et en tout lieu, à toi, Père très saint, Dieu éternel et tout-puissant, par le Christ, notre Seigneur. Dans le dernier repas qu'il prit avec ses Apôtres, afin que toutes les générations fassent mémoire du salut par la croix, il s'est offert à toi, comme l'Agneau sans péché, et tu as accueilli son sacrifice de louange.

DIMANCHE 6 JUIN 2021

Quand tes fidèles communient à ce sacrement, tu les sanctifies pour que tous les hommes, habitant le même univers, soient éclairés par la même foi et réunis par la même charité. Nous venons à la table d'un si grand mystère nous imprégner de ta grâce et connaître déjà la vie du Royaume. Voilà pourquoi le ciel et la terre t'adorent ; ils chantent le cantique de l'Alliance nouvelle, et nous-mêmes, unissant notre voix à celle des anges, nous t'acclamons :
Saint ! Saint ! Saint...

Chant de communion (Suggestions p. 247)
OU
Antienne de la communion
« Celui qui mange ma chair et boit mon sang
demeure en moi, et moi en lui », dit le Seigneur.
(Jn 6, 57)

Prière après la communion
Fais que nous possédions, Seigneur Jésus, la jouissance éternelle de ta divinité, car nous en avons ici-bas l'avant-goût lorsque nous recevons ton corps et ton sang. Toi qui… — **Amen.**

CONCLUSION DE LA CÉLÉBRATION

Bénédiction et envoi

DIMANCHE 6 JUIN 2021

COMMENTAIRE DU DIMANCHE
Karem Bustica, rédactrice en chef de *Prions en Église*

Nous sommes le corps du Christ

Les mesures sanitaires que nous connaissons depuis un certain temps maintenant ont modifié notre lien à la messe et à la prière en général. Que nous soyons habitués ou empêchés du rassemblement dominical, habitués ou empêchés de la table eucharistique, rappelons-nous que « messe », « eucharistie », vient d'un mot grec qui signifie « action de grâces ». De quoi remercions-nous ? Du don que Jésus fait de lui-même pour nous conduire au Père. Le don de son corps et de son sang versé pour la multitude qui scelle la Nouvelle Alliance de Dieu avec toute la Création. Célébrer la messe est donc, d'abord, célébrer un don. Ni un droit, ni une obligation, ni un souvenir, ni une consommation, mais le don du Christ au monde. Et pour réaliser cette présence du Christ aujourd'hui, c'est pendant la messe que le prêtre

DIMANCHE 6 JUIN 2021

appelle la force de l'Esprit sur toute l'assemblée réunie pour qu'elle devienne membre du corps du Christ. Trop jeunes, très âgés, mal ou peu croyants, débutants et confirmés… à chaque messe, l'Esprit Saint fait de toute l'assemblée les membres du corps du Christ. Comme le soulignait cette figure majeure de la théologie catholique du XXᵉ siècle que fut le jésuite Henri de Lubac (1896-1991) : « Si l'Église fait l'eucharistie, l'eucharistie fait l'Église. » Autrement dit, si une communauté rassemblée avec un prêtre pour pouvoir transformer le pain et le vin est nécessaire, c'est au cours de cette même prière que l'assemblée devient le corps du Christ par le don de l'Esprit.

Quel sens a pour moi l'eucharistie ?
Quelle place tient ce sacrement dans ma vie ? ■

DIMANCHE 6 JUIN 2021

LIRE L'ÉVANGILE AVEC LES ENFANTS

CE QUE JE DÉCOUVRE

Au cours du repas avec ses disciples, Jésus leur explique que le pain qu'il leur montre, qu'il rompt et bénit, c'est son corps. De même, la coupe de vin, c'est son sang. Le dimanche, quand nous communions pendant la messe, **nous sommes nourris de la force de Jésus, de sa paix, de sa joie.** Après avoir été nourris par la parole de Dieu, nous sommes nourris par son amour.

CE QUE JE VIS

As-tu fait ta première communion ?
Si oui, comment t'y es-tu préparé ?
Sinon, penses-tu la faire bientôt ?
À quel moment ressens-tu la présence de Jésus dans ta vie ?
**Pendant la messe, au moment de la communion, répète plusieurs fois dans ton cœur :
« Ceci est mon corps donné pour vous. »
Et laisse Jésus te parler.**

Texte : P. Thibault Van Den Driessche ; Nicolas Crouzier. Illustrations : Marcelino Truong

DIMANCHE 6 JUIN 2021

MÉDITATION BIBLIQUE
SAINT-SACREMENT DU CORPS ET DU SANG DU CHRIST
Évangile selon saint Marc 14, 12-16. 22-26

De libération en libération, Dieu fait alliance

Jésus, en pratiquant les rites juifs de son temps, donne sens à sa vie.

Le temps de la préparation

« Alors, demain, quand ton fils te demandera : "Que fais-tu là ?", tu lui répondras : "C'est par la force de sa main que le Seigneur nous a fait sortir d'Égypte, la maison d'esclavage." » (Ex 13, 14)

Le temps de l'observation

Dans le récit que l'évangile de Marc fait de cette soirée, les signes de l'enracinement juif de Jésus et de ses disciples se lisent à chaque phrase. C'est la fête de Pâque, fête de la sortie d'Égypte et de la délivrance. Pour commémorer ce souvenir, il n'y a plus de levain dans les maisons et l'agneau pascal est immolé à Jérusalem. Jésus et ses disciples prendront ensemble un repas qui commencera par la bénédiction des aliments, comme chaque juif religieux le fait encore aujourd'hui pour marquer le temps de fête et rendre grâce. Cette liturgie, ces rituels ...

DIMANCHE 6 JUIN 2021

... sont là pour rendre visible l'Alliance, ce lien indéfectible qui unit Dieu à son peuple. Enfin, avant le départ pour le jardin des Oliviers, le texte mentionne la lecture des psaumes, prières bibliques, prières d'un croyant juif à son créateur. C'est dans ce cadre, dans cette mémoire, dans cette fidélité à Dieu, que Jésus célèbre cette nuit et se lève vers sa mort.

Le temps de la méditation

Jésus ne se contente pas d'inscrire sa vie et sa foi dans les pratiques de son peuple comme tout bon juif le ferait à cet instant du calendrier. Il fait un pas de plus. Il invite ses disciples à associer son souvenir à celui de la libération d'Égypte. Il réinterprète et renouvelle ces rites traditionnels. Alors que la vie juive est communautaire, à cet instant Jésus s'engage personnellement, élargit l'espace de la tente. Il propose à ses disciples de se souvenir de ce moment de liberté. C'est cette ouverture sur d'autres possibles qu'ils retiendront. La Cène est donc ce mélange d'ancien et de nouveau, de traditionnel et d'innovation, de collectif et de très personnel qui nécessite que chacun prenne part, prenne sa part. Le danger qui nous guette est d'oublier le souffle qui donne naissance à ce temps de la Cène et de n'y voir qu'un rite. Le rite est au service du sens, toujours actuel, toujours neuf. Il est au service de la vie.

Le temps de la prière

« Car mes yeux ont vu le salut que tu préparais à la face des peuples : lumière qui se révèle aux nations et donne gloire à ton peuple Israël. » (Lc 2, 30-32) ■

Marie-Laure Durand,
bibliste

DIMANCHE 6 JUIN 2021

L'ÉVÉNEMENT
SAINT-SACREMENT DU CORPS ET DU SANG DU CHRIST

Procession de la Fête-Dieu

Photo : Louis Marie Melchis/Ciric

Procession de la Fête-Dieu le 6 juin 2010, La Farlède (83).

Ce dimanche 6 juin, Fête-Dieu, la messe dominicale se poursuit dans certains lieux par une procession. Exposé dans les rues, le Saint Sacrement fait rayonner la présence réelle du Christ.

« La fête du Saint-Sacrement nous fait redécouvrir l'importance de la fraction du pain et de la communion », explique le père Florent Millet, recteur de Notre-Dame de Rocamadour (46).

C'est sous l'impulsion de sainte Julienne de Cornillon et de la bienheureuse Ève de Liège, au XIIIe siècle, …

DIMANCHE 6 JUIN 2021

••• que l'Église commémore la Fête-Dieu. Le deuxième dimanche après la Pentecôte, elle célèbre ainsi la présence réelle de Jésus Christ dans l'eucharistie, c'est-à-dire sous les formes sensibles du pain et du vin consacrés.

« Nous faisons parfois banalement le geste de la fraction du pain où Dieu se donne à tous », témoigne Florent Millet. Aussi, après la célébration eucharistique, comme dans de nombreux lieux en France, le sanctuaire lotois prévoit une procession où le prêtre porte l'eucharistie sur le parvis ou au milieu des rues, tapissées de pétales de roses par les enfants.

C'est également le cas à Toulon, où « le but de la procession est à la fois d'honorer le Saint-Sacrement et de répandre la bénédiction du Seigneur sur les malades à travers les rues », indique le père Fabrice Loiseau, curé de la paroisse Saint-François-de-Paule. Celle-ci compte bien associer à cette prière itinérante tous les passants éprouvés par la pandémie.

Pour le père Florent Millet, « la Fête-Dieu nous rappelle que c'est Dieu qui nous rassemble et nous relie les uns aux autres ». ■

Père Jean-Paul Musangania,
assomptionniste

SAINT SACREMENT, FOI ET CHARITÉ

« Quand tes fidèles communient à ce sacrement, tu les sanctifies pour que tous les hommes, habitant le même univers soient éclairés par la même foi et réunis par la même charité. »

Extrait de la préface de l'eucharistie.

LUNDI 7 JUIN 2021

10ᴱ SEMAINE DU TEMPS ORDINAIRE COULEUR LITURGIQUE : VERT

Temps ordinaire, *suggestion d'oraisons et d'antiennes n°32*

Antienne d'ouverture
Seigneur, mon Dieu et mon salut, que ma prière parvienne jusqu'à toi ; entends-moi qui t'implore. (Ps 87, 2-3)

Prière
Dieu qui es bon et tout-puissant, éloigne de nous tout ce qui nous arrête, afin que sans aucune entrave, ni d'esprit ni de corps, nous soyons libres pour accomplir ta volonté. Par Jésus Christ… — **Amen.**

Lecture
de la deuxième lettre de saint Paul apôtre aux Corinthiens (1, 1-7)

« Dieu nous réconforte ; ainsi, nous pouvons réconforter tous ceux qui sont dans la détresse »

Paul, apôtre du Christ Jésus par la volonté de Dieu, et Timothée notre frère, à l'Église de Dieu qui est à Corinthe ainsi qu'à tous les fidèles qui sont par toute la Grèce. À vous, la grâce et la paix de la part de Dieu notre Père et du Seigneur Jésus Christ. Béni soit Dieu, le Père de notre Seigneur Jésus Christ, le Père plein de tendresse, le Dieu de qui vient tout réconfort. Dans toutes nos détresses, il nous réconforte ; ainsi, nous pouvons réconforter tous ceux qui sont dans la détresse, grâce au réconfort

LUNDI 7 JUIN 2021

que nous recevons nous-mêmes de Dieu. En effet, de même que nous avons largement part aux souffrances du Christ, de même, par le Christ, nous sommes largement réconfortés. Quand nous sommes dans la détresse, c'est pour que vous obteniez le réconfort et le salut ; quand nous sommes réconfortés, c'est encore pour que vous obteniez le réconfort, et cela vous permet de supporter avec persévérance les mêmes souffrances que nous. En ce qui vous concerne, nous avons de solides raisons d'espérer, car, nous le savons, de même que vous avez part aux souffrances, de même vous obtiendrez le réconfort.
– Parole du Seigneur.

Psaume 33 (34)

℟ *Goûtez et voyez comme est bon le Seigneur !*

Je bénirai le Seigneur en tout temps,
sa louange sans cesse à mes lèvres.
Je me glorifierai dans le Seigneur :
que les pauvres m'entendent et soient en fête ! ℟

Magnifiez avec moi le Seigneur,
exaltons tous ensemble son nom.
Je cherche le Seigneur, il me répond :
de toutes mes frayeurs, il me délivre. ℟

Qui regarde vers lui resplendira,
sans ombre ni trouble au visage.
Un pauvre crie ; le Seigneur entend :
il le sauve de toutes ses angoisses. ℟

L'ange du Seigneur campe alentour
pour libérer ceux qui le craignent.
Goûtez et voyez : le Seigneur est bon !
Heureux qui trouve en lui son refuge ! ℟

LUNDI 7 JUIN 2021

Acclamation de l'Évangile
Alléluia. Alléluia. Réjouissez-vous, soyez dans l'allégresse, car votre récompense est grande dans les cieux ! ***Alléluia.***

Évangile de Jésus Christ
selon saint Matthieu (5, 1-12)

« Heureux les pauvres de cœur »

En ce temps-là, voyant les foules, Jésus gravit la montagne. Il s'assit, et ses disciples s'approchèrent de lui. Alors, ouvrant la bouche, il les enseignait.
Il disait : « Heureux les pauvres de cœur*, car le royaume des Cieux est à eux. Heureux ceux qui pleurent, car ils seront consolés. Heureux les doux, car ils recevront la terre en héritage. Heureux ceux qui ont faim et soif de la justice, car ils seront rassasiés. Heureux les miséricordieux, car ils obtiendront miséricorde. Heureux les cœurs purs, car ils verront Dieu. Heureux les artisans de paix, car ils seront appelés fils de Dieu. Heureux ceux qui sont persécutés pour la justice, car le royaume des Cieux est à eux. Heureux êtes-vous si l'on vous insulte, si l'on vous persécute et si l'on dit faussement toute sorte de mal contre vous, à cause de moi. Réjouissez-vous, soyez dans l'allégresse, car votre récompense est grande dans les cieux ! C'est ainsi qu'on a persécuté les prophètes qui vous ont précédés. »

LUNDI 7 JUIN 2021

Prière sur les offrandes
Sur les offrandes que nous présentons, Seigneur, jette un regard de pardon et de paix : qu'en célébrant la passion de ton Fils, nous entrions de tout cœur dans son mystère. Lui qui… — **Amen.**

Antienne de la communion
Mon berger, c'est le Seigneur :
je ne manque de rien ; sur de frais
pâturages, il me laisse reposer.
Il me mène auprès des eaux
tranquilles et me fait revivre.
(Ps 22, 1-2)
OU
Au soir de la Résurrection,
les disciples reconnurent le Seigneur
quand il rompit le pain.
(cf. Lc 24, 35)

Prière après la communion
Fortifiés par cette nourriture sainte, nous t'adressons, Seigneur, nos actions de grâce et nous implorons ta miséricorde : que l'Esprit Saint fasse persévérer dans la droiture ceux qui ont reçu la force d'en haut. Par Jésus…
— **Amen.**

INVITATION

« Heureux les invités au repas du Seigneur. » Et si j'adressais un mot d'encouragement à un enfant qui va recevoir la communion pour la première fois ?

LUNDI 7 JUIN 2021

COMMENTAIRE

Dans notre humanité — Matthieu 5, 1-12

« Heureux » : l'Évangile nous rejoint dans nos aspirations humaines les plus profondes. Mais, comme toujours, Jésus nous invite à nous « déplacer ». Et si le bonheur était autre chose que ce à quoi nous pensons spontanément (réussite professionnelle, familiale, sociale…) ? Toutes les situations évoquées dans les Béatitudes ont à voir avec la vérité de notre condition humaine, caractérisée par le manque ou la béance susceptibles de devenir le creuset d'une expérience de Dieu. ∎

Sœur Emmanuelle Billoteau, ermite

6-12

✶ CLÉ DE LECTURE

« Les pauvres de cœur » — Matthieu 5, 2 *(p. 65)*

Tant de choses ont été dites sur cette expression qu'il est difficile d'y revenir. Alors que Luc vise d'abord une pauvreté matérielle, Matthieu décale. Littéralement, on lit « les pauvres d'esprit », et le terme ajouté « pneuma » désigne très largement le vent, le souffle créateur, l'esprit et jusqu'à l'Esprit de Dieu. Faut-il ainsi charger le sens ? Ou s'en remettre à la figure de Jésus lui-même, mettant en acte dans sa vie les Béatitudes : à bout de souffle sur la Croix – car le pendu s'étouffe, il expire en rendant son souffle-Esprit, qu'il remet à Dieu. Le même qu'il envoie à ses disciples. Un souffle qu'il accepte de perdre pour que d'autres, à bout, renaissent à la vie et reçoivent l'Esprit. C'est aussi ce que dira Paul. ∎

Roselyne Dupont-Roc, bibliste

MARDI 8 JUIN 2021

10ᴱ SEMAINE DU TEMPS ORDINAIRE COULEUR LITURGIQUE : VERT

Temps ordinaire, *suggestion d'oraisons et d'antiennes n° 33*

Antienne d'ouverture

« **Mes pensées, dit le Seigneur Dieu, sont des pensées de paix et non pas de malheur. Appelez-moi, je vous écouterai et, de partout, je vous rassemblerai.** » (Jr 29, 11. 12. 14)

Prière

Accorde-nous, Seigneur, de trouver notre joie dans notre fidélité : car c'est un bonheur durable et profond de servir constamment le créateur de tout bien. Par Jésus Christ… — **Amen.**

Lecture

de la deuxième lettre de saint Paul apôtre aux Corinthiens (1, 18-22)

« Le Christ Jésus n'a pas été "oui et non"; il n'a été que "oui" »

Frères, Dieu en est garant, la parole que nous vous adressons n'est pas « oui et non ». Car le Fils de Dieu, le Christ Jésus, que nous avons annoncé parmi vous, Silvain et Timothée, avec moi, n'a pas été « oui et non » ; il n'a été que « oui »*. Et toutes les promesses de Dieu ont trouvé leur « oui » dans sa personne. Aussi est-ce par le Christ que nous disons à Dieu notre « amen », notre « oui », pour sa gloire. Celui qui nous rend solides pour le Christ dans nos relations avec vous, celui qui nous a consacrés, c'est

MARDI 8 JUIN 2021

Dieu ; il nous a marqués de son sceau, et il a mis dans nos cœurs l'Esprit, première avance sur ses dons.
– Parole du Seigneur.

Psaume 118 (119)

℟ *Pour ton serviteur, que ton visage s'illumine, Seigneur !*

Quelle merveille, tes exigences,
aussi mon âme les garde !
Déchiffrer ta parole illumine,
et les simples comprennent. ℟

La bouche grande ouverte, j'aspire,
assoiffé de tes volontés.

Aie pitié de moi, regarde-moi :
tu le fais pour qui aime ton nom. ℟

Que ta promesse assure mes pas :
qu'aucun mal ne triomphe de moi !
Pour ton serviteur que ton visage s'illumine :
apprends-moi tes commandements. ℟

Acclamation de l'Évangile

Alléluia. Alléluia. Que votre lumière brille devant les hommes : alors, voyant ce que vous faites de bien, ils rendront gloire à votre Père. ***Alléluia.***

Évangile de Jésus Christ

selon saint Matthieu (5, 13-16)

« Vous êtes le sel de la terre »

En ce temps-là, Jésus disait à ses disciples : « Vous êtes le sel de la terre. Mais si le sel devient fade, comment lui rendre de la saveur ? Il ne vaut plus rien : on le jette dehors et il est piétiné par les gens. Vous êtes la

MARDI 8 JUIN 2021

lumière du monde. Une ville située sur une montagne ne peut être cachée. Et l'on n'allume pas une lampe pour la mettre sous le boisseau ; on la met sur le lampadaire, et elle brille pour tous ceux qui sont dans la maison. De même, que votre lumière brille devant les hommes : alors, voyant ce que vous faites de bien, ils rendront gloire à votre Père qui est aux cieux. »

Prière sur les offrandes
Permets, Seigneur notre Dieu, que l'offrande placée sous ton regard nous obtienne la grâce de vivre pour toi et nous donne l'éternité bienheureuse. Par Jésus… — **Amen.**

Antienne de la communion
Être proche de Dieu, mettre en lui mon espoir, c'est là tout mon bonheur. (Ps 72, 28)
OU « Vraiment, dit le Seigneur, tout ce que vous demanderez dans la prière, croyez que vous l'avez déjà reçu, cela vous sera accordé. » (Mc 11, 23. 24)

Prière après la communion
Nous venons de communier, Seigneur, au don sacré du corps et du sang de ton Fils, et nous te prions humblement : que cette eucharistie offerte en mémoire de lui, comme il nous a dit de le faire, augmente en nous la charité. Par Jésus… — **Amen.**

INVITATION

En cette Saint-Médard, je peux faire un don à une association qui aide les agriculteurs en situation de précarité.

MARDI 8 JUIN 2021

COMMENTAIRE

Présence rayonnante Matthieu 5, 13-16

Si l'évangile du jour nous invite à ne pas « raser les murs » sous prétexte d'humilité ou par peur de nous exposer en tant que chrétiens, il nous presse également de méditer sur le rayonnement auquel nous sommes appelés. De quelle lumière s'agit-il, sinon de celle qui naît d'une vie de relation fervente avec Dieu, comme nous le montre la Transfiguration de Jésus. Une lumière qui n'a rien de clinquant et relève moins de la quantité du faire, que de la qualité d'être et de présence à Dieu et à autrui. ∎

Sœur Emmanuelle Billoteau, ermite

✢ CLÉ DE LECTURE

« Il n'a été que "oui" » 2 Corinthiens 1, 19 (*p. 68*)

Paul semble s'appuyer sur un enseignement de Jésus interdisant le serment (Mt 5, 37 ; Jc 5, 12) : la parole vraie se suffit à elle-même. Mais il en fait un autre usage, car il veut méditer sur ce que signifie « dire oui » à ce qui vient, au monde, aux autres, à Dieu. Or, la vie de Jésus n'a été qu'un grand « oui », que Paul traduit aussitôt par un « Amen ». D'un mot araméen qui signifie la solidité, la fidélité, ce sur quoi on peut tabler. La vie de Jésus a été fidélité constante au Dieu Père qui l'envoie, il lui fait confiance et accueille ceux qui viennent à lui, les souffrants, les miséreux et les pécheurs. Il les appelle à leur tour à mettre leur confiance dans le Dieu fidèle, à dire « oui » à tout ce qui leur est donné. Paul a tenté de vivre ce « oui ». ∎

Roselyne Dupont-Roc, bibliste

MERCREDI 9 JUIN 2021

10ᵉ SEMAINE DU TEMPS ORDINAIRE COULEUR LITURGIQUE : VERT

Temps ordinaire, *suggestion d'oraisons et d'antiennes n° 34*
ou **saint Éphrem**

Antienne d'ouverture
Le Seigneur annonce la paix pour son peuple et ses fidèles, et pour ceux qui reviennent vers lui. (Ps 84, 9)

Prière
Réveille, Seigneur, le courage de tes fidèles : qu'ils soient plus ardents à profiter de tes grâces, pour obtenir de toi de plus puissants secours. Par Jésus Christ…
— ***Amen.***

Lecture

de la deuxième lettre de saint Paul apôtre aux Corinthiens (3, 4-11)

« Il nous a rendus capables d'être les ministres d'une Alliance nouvelle, fondée non pas sur la lettre mais dans l'Esprit »

Frères, si nous avons une telle confiance en Dieu par le Christ, ce n'est pas à cause d'une capacité personnelle que nous pourrions nous attribuer : notre capacité vient de Dieu. Lui nous a rendus capables d'être les ministres d'une Alliance nouvelle, fondée non pas sur la lettre mais dans l'Esprit ; car la lettre tue, mais l'Esprit donne la vie. Le ministère de la mort, celui de la Loi gravée en lettres sur des pierres, avait déjà une telle gloire que les fils d'Israël ne pouvaient pas fixer le visage de Moïse

MERCREDI 9 JUIN 2021

à cause de la gloire, pourtant passagère, qui rayonnait de son visage. Combien plus grande alors sera la gloire du ministère de l'Esprit ! Le ministère qui entraînait la condamnation, celui de la Loi, était déjà rayonnant de gloire ; combien plus grande sera la gloire du ministère qui fait de nous des justes ! Non, vraiment, ce qui, dans une certaine mesure, a été glorieux ne l'est plus, parce qu'il y a maintenant une gloire incomparable. Si, en effet, ce qui était passager a connu un moment de gloire, combien plus ce qui demeure restera-t-il dans la gloire ! – Parole du Seigneur.

6-12

Psaume 98 (99)

℟ *Tu es saint, Seigneur notre Dieu !*

Exaltez le Seigneur notre Dieu,
prosternez-vous au pied de son trône,
car il est saint ! ℟

Moïse et le prêtre Aaron, Samuel, le Suppliant,
tous, ils suppliaient le Seigneur,
et lui leur répondait. ℟

Dans la colonne de nuée, il parlait avec eux ;
ils ont gardé ses volontés,
les lois qu'il leur donna. ℟

Seigneur notre Dieu, tu leur as répondu :
avec eux, tu restais un Dieu patient,
mais tu les punissais pour leurs fautes. ℟

Exaltez le Seigneur notre Dieu,
prosternez-vous devant sa sainte montagne,
car il est saint, le Seigneur notre Dieu. ℟

MERCREDI 9 JUIN 2021

Acclamation de l'Évangile
Alléluia. Alléluia. Fais-moi connaître ta route, mon Dieu ; dirige-moi par ta vérité. ***Alléluia.***

Évangile de Jésus Christ
selon saint Matthieu (5, 17-19)

« Je ne suis pas venu abolir, mais accomplir »

En ce temps-là, Jésus disait à ses disciples : « Ne pensez pas que je sois venu abolir la Loi ou les Prophètes : je ne suis pas venu abolir, mais accomplir. Amen, je vous le dis : Avant que le ciel et la terre disparaissent, pas un seul iota, pas un seul trait ne disparaîtra de la Loi jusqu'à ce que tout se réalise. Donc, celui qui rejettera un seul de ces plus petits commandements, et qui enseignera aux hommes à faire ainsi, sera déclaré le plus petit dans le royaume des Cieux. Mais celui qui les observera et les enseignera, celui-là sera déclaré grand dans le royaume des Cieux. »

Prière sur les offrandes
Tu nous as demandé, Seigneur, de te consacrer ces présents : accepte-les ; et pour qu'ils nous disposent à te plaire, fais-nous garder tes commandements. Par Jésus… — ***Amen.***

MERCREDI 9 JUIN 2021

Antienne de la communion
Louez le Seigneur, tous les peuples.
Fort est son amour pour nous,
pour toujours sa vérité. (Ps 116, 1-2)
OU
« Je suis avec vous tous les jours,
dit le Seigneur Jésus, jusqu'à la fin
des temps. » (Mt 28, 20)

Prière après la communion
Nous t'en supplions, Dieu tout-puissant : ne permets pas que soient jamais séparés de toi ceux que tu fais communier à la joie du ciel. Par Jésus... — **Amen.**

INVITATION
Comme saint Éphrem, je m'adresse à l'Esprit Saint en chantant, par exemple, *Ô Esprit de feu* (EDIT168) ou *Veni Sancte Spiritus* (KY169).

COMMENTAIRE

La richesse de la Loi — Matthieu 5, 17-19

L'évangile du jour peut nous inciter à creuser les racines juives de notre foi chrétienne. Loin des oppositions simplistes, le Christ décrit par Matthieu souligne la continuité entre les Écritures d'Israël et son message. Et il y va de notre « place » dans le royaume des Cieux. De quoi aiguiser notre désir de travailler l'Ancien Testament pour mieux comprendre qui est Jésus, pour découvrir la richesse de la Loi et sa capacité à faire croître, en nous et entre nous, le meilleur, loin de toute idolâtrie. ∎

Sœur Emmanuelle Billoteau, ermite

JEUDI 10 JUIN 2021

10ᴇ SEMAINE DU TEMPS ORDINAIRE COULEUR LITURGIQUE : VERT

Temps ordinaire, *suggestion d'oraisons et d'antiennes n° 1*

Antienne d'ouverture
Portons notre regard vers l'homme à qui le ciel est donné pour trône ; la foule des anges l'adore en chantant d'une seule voix : « Voici Celui dont le pouvoir subsiste pour les siècles. »

Prière
Aux appels de ton peuple en prière, réponds, Seigneur, en ta bonté : donne à chacun la claire vision de ce qu'il doit faire et la force de l'accomplir. Par Jésus Christ… — **Amen.**

Lecture

de la deuxième lettre de saint Paul apôtre aux Corinthiens (3, 15 – 4, 1. 3-6)

« Dieu a lui-même brillé dans nos cœurs pour faire resplendir la connaissance de sa gloire »

Frères, aujourd'hui encore, quand les fils d'Israël lisent les livres de Moïse, un voile couvre leur cœur. Quand on se convertit au Seigneur, le voile est enlevé. Or, le Seigneur, c'est l'Esprit, et là où l'Esprit du Seigneur est présent, là est la liberté. Et nous tous qui n'avons pas de voile sur le visage, nous reflétons la gloire du Seigneur, et nous sommes transformés en son image avec une gloire de plus en plus grande, par l'action

JEUDI 10 JUIN 2021

du Seigneur qui est Esprit. C'est pourquoi, ayant reçu ce ministère par la miséricorde de Dieu, nous ne perdons pas courage. Et même si l'Évangile que nous annonçons reste voilé, il n'est voilé que pour ceux qui vont à leur perte, pour les incrédules dont l'intelligence a été aveuglée par le dieu mauvais de ce monde ; celui-ci les empêche de voir clairement, dans la splendeur de l'Évangile, la gloire du Christ*, lui qui est l'image de Dieu. En effet, ce que nous proclamons, ce n'est pas nous-mêmes ; c'est ceci : Jésus Christ est le Seigneur ; et nous sommes vos serviteurs, à cause de Jésus. Car Dieu qui a dit : *Du milieu des ténèbres brillera la lumière,* a lui-même brillé dans nos cœurs pour faire resplendir la connaissance de sa gloire qui rayonne sur le visage du Christ. – Parole du Seigneur.

Psaume 84 (85)

℟ *La gloire du Seigneur habitera notre terre.*

J'écoute : que dira le Seigneur Dieu ?
Ce qu'il dit, c'est la paix pour son peuple
  et ses fidèles.
Son salut est proche de ceux qui le craignent,
et la gloire habitera notre terre. ℟

Amour et vérité se rencontrent,
justice et paix s'embrassent ;
la vérité germera de la terre
et du ciel se penchera la justice. ℟

Le Seigneur donnera ses bienfaits,
et notre terre donnera son fruit.
La justice marchera devant lui,
et ses pas traceront le chemin. ℟

JEUDI 10 JUIN 2021

Acclamation de l'Évangile
Alléluia. Alléluia. Je vous donne un commandement nouveau, dit le Seigneur : « Aimez-vous les uns les autres, comme je vous ai aimés. » **Alléluia.**

Évangile de Jésus Christ
selon saint Matthieu (5, 20-26)

« Tout homme qui se met en colère contre son frère devra passer en jugement »

En ce temps-là, Jésus disait à ses disciples : « Je vous le dis : Si votre justice ne surpasse pas celle des scribes et des pharisiens, vous n'entrerez pas dans le royaume des Cieux. Vous avez appris qu'il a été dit aux anciens : *Tu ne commettras pas de meurtre,* et si quelqu'un commet un meurtre, il devra passer en jugement. Eh bien ! moi, je vous dis : Tout homme qui se met en colère contre son frère devra passer en jugement. Si quelqu'un insulte son frère, il devra passer devant le tribunal. Si quelqu'un le traite de fou, il sera passible de la géhenne de feu. Donc, lorsque tu vas présenter ton offrande à l'autel, si, là, tu te souviens que ton frère a quelque chose contre toi, laisse ton offrande, là, devant l'autel, va d'abord te réconcilier avec ton frère, et ensuite viens présenter ton offrande. Mets-toi vite d'accord avec ton adversaire pendant que tu es en chemin avec lui, pour éviter que ton adversaire ne te livre au juge, le juge au garde, et qu'on ne te jette en prison. Amen, je te le dis : tu n'en sortiras pas avant d'avoir payé jusqu'au dernier sou. »

JEUDI 10 JUIN 2021

Prière sur les offrandes
Daigne accepter, Seigneur, l'offrande de ton peuple : qu'elle contribue à le sanctifier, et lui obtienne ce qu'il demande avec confiance. Par Jésus… — **Amen.**

Antienne de la communion
De toi, Seigneur, jaillit la vie, dans ta lumière, nous voyons la lumière.
(Ps 35, 10)
OU
« Je suis venu, dit le Seigneur, pour que les hommes aient la vie et qu'ils l'aient en abondance. »
(Jn 10, 10)

Prière après la communion
Nous t'en supplions, Dieu tout-puissant : toi qui refais nos forces par tes sacrements, donne-nous aussi de pouvoir te servir par une vie qui te plaise. Par Jésus… — **Amen.**

INVITATION
Avec quel frère ou quelle sœur pourrai-je me réconcilier aujourd'hui ?

JEUDI 10 JUIN 2021

COMMENTAIRE

D'abord, se réconcilier — Matthieu 5, 20-26

« Lorsque tu vas présenter ton offrande sur l'autel, si, là, tu te souviens que ton frère a quelque chose contre toi... » Si l'Église de rite latin a placé le « baiser de paix » juste avant la communion, rien ne nous empêche d'avoir cette injonction présente à l'esprit au moment de l'offertoire. Car elle nous dit la « folie » de la Croix, nous incite à travailler sur nous-mêmes et à nous établir dans une humilité féconde – y compris dans notre impossibilité à mettre cette parole en pratique. ∎

Sœur Emmanuelle Billoteau, ermite

✣ CLÉ DE LECTURE

« La gloire du Christ » — 2 Corinthiens 4, 4 *(p. 77)*

On sait que la gloire de Dieu dans la Bible, c'est à la fois son poids (le mot hébreu « CaVôD ») et le rayonnement de sa présence (le grec « doxa »). Paul a affirmé (1 Co 2, 8) que désormais le croyant pouvait contempler la gloire de Dieu sur la face du Crucifié, « le Seigneur glorieux », car il est, lui, l'image parfaite de Dieu. Or, cette image, tout être humain la reçoit de l'acte créateur, mais elle se voile et se ternit par son refus et son péché. Désormais, elle est pleinement annoncée et donnée à voir dans l'Évangile, la Bonne Nouvelle du Crucifié Ressuscité. En l'annonçant, les croyants à leur tour reflètent cette gloire : animés par l'Esprit qui les rend libres, ils sont conformés tout au long de leur vie à l'image du Christ qui les transfigure. ∎

Roselyne Dupont-Roc, bibliste

VENDREDI 11 JUIN 2021

COULEUR LITURGIQUE : BLANC

Sacré-Cœur de Jésus
Nul mieux que Jésus n'a su révéler la bonté du cœur de Dieu, son attention aux petits et à leurs misères quotidiennes.

Antienne d'ouverture
Voici quelles sont, d'âge en âge, les pensées de son cœur : délivrer de la mort ceux qui espèrent son amour, les garder en vie aux jours de famine. (Ps 32, 11. 18. 19)

Gloire à Dieu (p. 221)

Prière
Seigneur notre Père, en vénérant le Cœur de ton Fils bien-aimé, nous disons les merveilles de ton amour pour nous : fais que nous recevions de cette source une grâce plus abondante. Par Jésus Christ… — ***Amen.***

Lectures propres à la solennité du Sacré-Cœur de Jésus.

Lecture
du livre du prophète Osée (11, 1. 3-4. 8c-9)

Ainsi parle le Seigneur : Oui, j'ai aimé Israël dès son enfance, et, pour le faire sortir d'Égypte, j'ai appelé mon fils. C'est moi qui lui apprenais à marcher, en le soutenant de mes bras, et il n'a pas compris que je venais à son secours. Je le guidais avec humanité, par des liens d'amour ;

« Mon cœur se retourne contre moi »

VENDREDI 11 JUIN 2021

je le traitais comme un nourrisson qu'on soulève tout contre sa joue ; je me penchais vers lui pour le faire manger. Mais ils ont refusé de revenir à moi : vais-je les livrer au châtiment ? Non ! Mon cœur se retourne contre moi ; en même temps, mes entrailles frémissent. Je n'agirai pas selon l'ardeur de ma colère, je ne détruirai plus Israël, car moi, je suis Dieu, et non pas homme : au milieu de vous je suis le Dieu saint, et je ne viens pas pour exterminer.
– Parole du Seigneur.

Cantique Isaïe 12, 2, 4bcd, 5-6

℟ *Exultant de joie, vous puiserez les eaux aux sources du salut !*

Voici le Dieu qui me sauve :
j'ai confiance, je n'ai plus de crainte.
Ma force et mon chant, c'est le Seigneur ;
il est pour moi le salut. ℟

Rendez grâce au Seigneur,
proclamez son nom,
annoncez parmi les peuples ses hauts faits !
Redites-le : « Sublime est son nom ! » ℟

Jouez pour le Seigneur,
   il montre sa magnificence,
et toute la terre le sait.
Jubilez, criez de joie, habitants de Sion,
car il est grand au milieu de toi,
   le Saint d'Israël ! ℟

VENDREDI 11 JUIN 2021

Lecture
de la lettre de saint Paul apôtre aux Éphésiens (3, 8-12. 14-19)

« Vous connaîtrez ce qui surpasse toute connaissance : l'amour du Christ »

Frères, à moi qui suis vraiment le plus petit de tous les fidèles, la grâce a été donnée d'annoncer aux nations l'insondable richesse du Christ, et de mettre en lumière pour tous le contenu du mystère qui était caché depuis toujours en Dieu, le créateur de toutes choses ; ainsi, désormais, les Puissances célestes elles-mêmes connaissent, grâce à l'Église, les multiples aspects de la Sagesse de Dieu. C'est le projet éternel que Dieu a réalisé dans le Christ Jésus notre Seigneur. Et notre foi au Christ nous donne l'assurance nécessaire pour accéder auprès de Dieu en toute confiance. C'est pourquoi je tombe à genoux devant le Père, de qui toute paternité au ciel et sur la terre tient son nom. Lui qui est si riche en gloire, qu'il vous donne la puissance de son Esprit, pour que se fortifie en vous l'homme intérieur. Que le Christ habite en vos cœurs par la foi ; restez enracinés dans l'amour, établis dans l'amour. Ainsi vous serez capables de comprendre avec tous les fidèles quelle est la largeur, la longueur, la hauteur, la profondeur… Vous connaîtrez ce qui surpasse toute connaissance : l'amour du Christ. Alors vous serez comblés jusqu'à entrer dans toute la plénitude de Dieu.
– Parole du Seigneur.

Acclamation de l'Évangile
Alléluia. Alléluia. Prenez sur vous mon joug, devenez mes disciples, car je suis doux et humble de cœur. **Alléluia.**

VENDREDI 11 JUIN 2021

Évangile de Jésus Christ
selon saint Jean (19, 31-37)

« Un des soldats lui perça le côté, et il en sortit du sang et de l'eau »

Jésus venait de mourir. Comme c'était le jour de la Préparation (c'est-à-dire le vendredi), il ne fallait pas laisser les corps en croix durant le sabbat, d'autant plus que ce sabbat était le grand jour de la Pâque. Aussi les Juifs demandèrent à Pilate qu'on enlève les corps après leur avoir brisé les jambes. Les soldats allèrent donc briser les jambes du premier, puis de l'autre homme crucifié avec Jésus. Quand ils arrivèrent à Jésus, voyant qu'il était déjà mort, ils ne lui brisèrent pas les jambes, mais un des soldats avec sa lance lui perça le côté ; et aussitôt, il en sortit du sang et de l'eau.
Celui qui a vu rend témoignage, et son témoignage est véridique ; et celui-là sait qu'il dit vrai afin que vous aussi, vous croyiez. Cela, en effet, arriva pour que s'accomplisse l'Écriture : *Aucun de ses os ne sera brisé.* Un autre passage de l'Écriture dit encore : *Ils lèveront les yeux vers celui qu'ils ont transpercé.*

Profession de foi (p. 222)

Prière sur les offrandes
Regarde, nous t'en prions, Seigneur, l'amour inexprimable du Cœur de ton Fils, pour que nos offrandes te soient agréables et servent à la réparation de nos péchés. Par Jésus…
— Amen.

VENDREDI 11 JUIN 2021

Prière eucharistique
(Préface du Sacré-Cœur)
Vraiment, il est juste et bon de te rendre gloire, de t'offrir notre action de grâce, toujours et en tout lieu, à toi, Père très saint, Dieu éternel et tout-puissant, par le Christ, notre Seigneur. Dans son immense amour, quand il fut élevé sur la croix, il s'est offert lui-même pour nous ; et de son côté transpercé, laissant jaillir le sang et l'eau, il fit naître les sacrements de l'Église, pour que tous les hommes, attirés vers son cœur, viennent puiser la joie aux sources vives du salut. C'est pourquoi, avec les anges et tous les saints, nous chantons l'hymne de ta gloire et sans fin nous proclamons :
Saint ! Saint ! Saint…

Antienne de la communion
« Si quelqu'un a soif,
qu'il vienne à moi, et qu'il boive,
celui qui croit en moi »,
dit le Seigneur.
(Jn 7, 37)
OU
D'un coup de lance, un des soldats
ouvrit le côté de Jésus,
et aussitôt il en sortit
du sang et de l'eau.
(Jn 19, 34)

Prière après la communion
Par ce sacrement de ton amour, Seigneur, brûle-nous d'une charité qui nous attire toujours vers le Christ, et nous apprenne à le reconnaître en nos frères. Lui qui… **— Amen.**

INVITATION
Se laisser toucher par le cœur de Jésus… À qui puis-je adresser un geste de tendresse ?

VENDREDI 11 JUIN 2021

COMMENTAIRE

Amour gratuit et libre Osée 11, 1. 3-4. 8c-9 ; Jean 19, 31-37

Osée et Jean nous donnent à contempler un Dieu au « cœur bon ». La bonté ne relevant pas de la faiblesse ainsi que le montrent les deux textes, mais bien plutôt de la violence et de la liberté de l'amour. Celui-ci n'est pas prisonnier de l'attitude du partenaire humain qui rejette ou se montre indifférent à l'alliance offerte : « Je ne détruirai pas Israël car je suis Dieu. » Et cet amour se révèle fécond comme le symbolisent l'eau et le sang qui s'écoulent du côté transpercé de Jésus. ■

Sœur Emmanuelle Billoteau, ermite

✽ CLÉ DE LECTURE

« Vers celui qu'ils ont transpercé » Jean 19, 37 *(p. 84)*

La citation vient du livre de Zacharie (Za 12, 10), qui annonce la victoire de Dieu sur les ennemis de Jérusalem. Dieu se désigne comme un autre, un personnage mis à mort devant lequel les habitants viennent se repentir et demander pardon ; ils pleurent comme pour la mort d'un fils unique. Qui est donc cet envoyé mystérieux ? Plutôt, Dieu se considère lui-même comme atteint par le glaive, transpercé par les trahisons de son peuple, qui maintenant reconnaît ses fautes. L'évangile de Jean voit dans la crucifixion de Jésus le supplice qui atteint Dieu lui-même. Alors celui qui regarde le Christ en croix peut entrer dans un vrai repentir, qui le conduit à reconnaître la victoire de Dieu sur le mal et la mort. C'est ce que célébrera aussi l'Apocalypse (Ap 1, 7). ■

Roselyne Dupont-Roc, bibliste

SAMEDI 12 JUIN 2021

COULEUR LITURGIQUE : BLANC

Cœur Immaculé de Marie
*La célébration du Cœur Immaculé de Marie nous invite
à communier plus profondément à son ouverture à Dieu.*

Antienne d'ouverture

**Rendons grâce avec la Mère du Sauveur :
mon cœur est dans la joie, car tu me sauves ;
je veux redire pour le Seigneur la grâce qu'il m'a faite.**
(cf. Ps 12, 6)

Prière

Dieu qui as préparé dans le Cœur de la Vierge Marie une demeure digne de l'Esprit Saint ; accorde-nous, par son intercession, de devenir le temple de ta gloire. Par Jésus Christ… — *Amen.*

Lectures propres à la mémoire du Cœur Immaculé de Marie.

Lecture

du livre du prophète Isaïe (61, 9-11)

« Je tressaille de joie dans le Seigneur »

Les descendants de mon peuple seront connus parmi les nations, et leur postérité, au milieu des peuples. Qui les verra pourra reconnaître la descendance bénie du Seigneur. Je tressaille de joie dans le Seigneur, mon âme exulte en mon Dieu. Car il m'a vêtue des vêtements du salut, il m'a couverte du manteau de la justice, comme le jeune marié orné du

SAMEDI 12 JUIN 2021

diadème, la jeune mariée que parent ses joyaux. Comme la terre fait éclore son germe, et le jardin, germer ses semences, le Seigneur Dieu fera germer la justice et la louange devant toutes les nations. – Parole du Seigneur.

Cantique 1 Samuel 2, 1, 4-5ab, 6-7, 8abcd

℟ *Mon cœur exulte à cause du Seigneur : c'est lui qui me sauve.*

Mon cœur exulte à cause du Seigneur ;
mon front s'est relevé grâce à mon Dieu !
Face à mes ennemis, s'ouvre ma bouche :
oui, je me réjouis de ton salut ! ℟

L'arc des forts est brisé,
mais le faible se revêt de vigueur.
Les plus comblés s'embauchent pour du pain,
et les affamés se reposent. ℟

Le Seigneur fait mourir et vivre ;
il fait descendre à l'abîme et en ramène.
le Seigneur rend pauvre et riche ;
il abaisse et il élève. ℟

De la poussière, il relève le faible,
il retire le malheureux de la cendre
pour qu'il siège parmi les princes,
et reçoive un trône de gloire. ℟

Acclamation de l'Évangile

Alléluia. Alléluia. Heureuse Vierge Marie ! Attentive à garder la parole de Dieu, elle la méditait dans son cœur ! *Alléluia.*

Évangile de Jésus Christ

selon saint Luc (2, 41-51)

« Sa mère gardait dans son cœur tous ces événements »

Chaque année, les parents de Jésus se rendaient à Jérusalem pour la fête de la Pâque. Quand il eut douze ans, ils montèrent en pèlerinage suivant la coutume. À la fin de la fête, comme ils s'en retournaient, le jeune Jésus resta à Jérusalem à l'insu de ses parents. Pensant qu'il était dans le convoi des pèlerins, ils firent une journée de chemin avant de le chercher parmi leurs parents et connaissances. Ne le trouvant pas, ils retournèrent à Jérusalem, en continuant à le chercher. C'est au bout de trois jours qu'ils le trouvèrent dans le Temple, assis au milieu des docteurs de la Loi : il les écoutait et leur posait des questions, et tous ceux qui l'entendaient s'extasiaient sur son intelligence et sur ses réponses. En le voyant, ses parents furent frappés d'étonnement, et sa mère lui dit : « Mon enfant, pourquoi nous as-tu fait cela ? Vois comme ton père et moi, nous avons souffert en te cherchant ! » Il leur dit : « Comment se fait-il que vous m'ayez cherché ? Ne saviez-vous pas qu'il me faut être chez mon Père ? » Mais ils ne comprirent pas ce qu'il leur disait. Il descendit avec eux pour se rendre à Nazareth, et il leur était soumis. Sa mère gardait dans son cœur tous ces événements.

Prière sur les offrandes

En l'honneur de la Vierge Marie, Mère de Dieu, nous te présentons, Seigneur, notre offrande et nos prières : qu'elles te soient agréables, et qu'elles nous rapprochent de toi. Par Jésus… — ***Amen.*** *Préface de la Vierge Marie, p. 227.*

SAMEDI 12 JUIN 2021

Antienne de la communion
Marie retenait tous ces événements et les méditait dans son cœur.
(Lc 2, 19)

Prière après la communion
Après avoir participé au sacrement qui nous libère, nous te prions, Seigneur : puisque nous célébrons la Mère de ton Fils, fais que nous soyons comblés de ta grâce et que nous éprouvions davantage les effets de la Rédemption. Par Jésus… — ***Amen.***

INVITATION

Par l'intercession de Marie, je prie le Seigneur d'ouvrir davantage mon cœur aux autres.

COMMENTAIRE

Exultante de grâce — Isaïe 61, 9-11 ; Luc 2, 41-51

La liturgie nous invite à faire le lien entre Marie et la figure de Sion symbolisant le peuple de Dieu racheté, renouvelé (Is 61, 10). D'où ce chant d'allégresse d'Israël : « Je tressaille de joie dans le Seigneur, mon âme exulte en mon Dieu. » Des paroles qui ont inspiré le cantique de Marie (Lc 1, 46-55). Quant à cette dernière, elle se révèle comme une femme d'écoute, disponible à la grâce, qui a consenti à ne pas tout maîtriser dans sa vie, y compris dans sa relation avec son fils. ■

Sœur Emmanuelle Billoteau, ermite

DIMANCHE 13 JUIN 2021
11ᵉ DIMANCHE DU TEMPS ORDINAIRE

ANNÉE B COULEUR LITURGIQUE : VERT

« Jésus leur annonçait la Parole. » Marc 4, 33

© Gaëtan Évrard

Une semence qui germe et grandit. Une graine de moutarde qui surpasse bientôt toutes les plantes potagères. À travers des images puisées au moulin de leurs existences, le Christ mène ses contemporains sur les chemins de la compréhension de la Bonne Nouvelle. Le règne de Dieu, montre-t-il, est généreux, foisonnant, et croît au-delà de toute espérance.

DIMANCHE 13 JUIN 2021

OUVERTURE DE LA CÉLÉBRATION

Chant d'entrée *(Suggestions p. 247)*
OU
Antienne d'ouverture
Écoute, Seigneur, je t'appelle. Toi qui t'es fait mon protecteur,
ne me quitte pas, ne m'abandonne pas,
Dieu, mon sauveur! (Ps 26, 7. 9)

Suggestion de préparation pénitentielle *(ou p. 220)*
Dans les cœurs, le Christ sème le bon grain de la Bonne Nouvelle. Tournons-nous vers Dieu et demandons pardon pour nos refus de ses dons. Reconnaissons notre péché.

Seigneur Jésus, tel un semeur infatigable, tu nous apprends à nous donner sans compter, Kyrie eleison.
— **Kyrie eleison.**
Ô Christ, tel un champ de blé mûr, ton royaume respire l'abondance et la générosité, Christe eleison.
— **Christe eleison.**
Seigneur, tel un arbre accueillant en son sein tous les oiseaux du ciel, ton royaume est offert à tous sans restriction, Kyrie eleison.
— **Kyrie eleison.**

Que Dieu tout-puissant nous fasse miséricorde ; qu'il nous pardonne nos péchés et nous conduise à la vie éternelle. — **Amen.**

DIMANCHE 13 JUIN 2021

Gloire à Dieu (p. 221)

Prière
Dieu tout-puissant, force de ceux qui espèrent en toi, sois favorable à nos appels : puisque l'homme est fragile et que sans toi il ne peut rien, donne-nous toujours le secours de ta grâce ; ainsi nous pourrons, en observant tes commandements, vouloir et agir de manière à répondre à ton amour. Par Jésus Christ… — **Amen.**

LITURGIE DE LA PAROLE

Lecture du livre du prophète Ézékiel (17, 22-24)

« Je relève l'arbre renversé »

Ainsi parle le Seigneur Dieu : « À la cime du grand cèdre, je prendrai une tige ; au sommet de sa ramure, j'en cueillerai une toute jeune, et je la planterai moi-même sur une montagne très élevée. Sur la haute montagne d'Israël je la planterai. Elle portera des rameaux, et produira du fruit, elle deviendra un cèdre magnifique. En dessous d'elle habiteront tous les passereaux et toutes sortes d'oiseaux, à l'ombre de ses branches ils habiteront. Alors tous les arbres des champs sauront que Je suis le Seigneur : je renverse l'arbre élevé et relève l'arbre renversé, je fais sécher l'arbre vert et reverdir l'arbre sec. Je suis le Seigneur, j'ai parlé, et je le ferai. »
– Parole du Seigneur.

DIMANCHE 13 JUIN 2021

Psaume 91 (92)
℟ **Il est bon, Seigneur, de te rendre grâce !**

T. : AELF ; M. : M. Wackenheim ; ADF.

Qu'il est bon de rendre grâce au Seigneur,
de chanter pour ton nom, Dieu Très-Haut,
d'annoncer dès le matin ton amour,
ta fidélité, au long des nuits. ℟

Le juste grandira comme un palmier,
il poussera comme un cèdre du Liban ;
planté dans les parvis du Seigneur,
il grandira dans la maison de notre Dieu. ℟

Retrouvez
ce psaume sur le CD
"Les psaumes
de l'année B"

DIMANCHE 13 JUIN 2021

Vieillissant, il fructifie encore,
il garde sa sève et sa verdeur
pour annoncer : « Le Seigneur est droit !
Pas de ruse en Dieu, mon rocher ! » ℟

Lecture de la deuxième lettre de saint Paul apôtre
aux Corinthiens (5, 6-10)

*« Que nous demeurions dans ce corps ou en dehors,
notre ambition, c'est de plaire au Seigneur »*

Frères, nous gardons toujours confiance, tout en sachant que nous demeurons loin du Seigneur, tant que nous demeurons dans ce corps ; en effet, nous cheminons dans la foi, non dans la claire vision. Oui, nous avons confiance, et nous voudrions plutôt quitter la demeure de ce corps pour demeurer près du Seigneur. Mais de toute manière, que nous demeurions dans ce corps ou en dehors, notre ambition, c'est de plaire au Seigneur. Car il nous faudra tous apparaître à découvert devant le tribunal du Christ, pour que chacun soit rétribué selon ce qu'il a fait, soit en bien soit en mal, pendant qu'il était dans son corps.
– Parole du Seigneur.

DIMANCHE 13 JUIN 2021

Acclamation de l'Évangile
Alléluia. Alléluia. La semence est la parole de Dieu ; le semeur est le Christ ; celui qui le trouve demeure pour toujours. **Alléluia.**

_{W 587 ; M. : J. Akepsimas ; SM. Psalmodie : M. Wackenheim ; Bayard Liturgie.}

Évangile de Jésus Christ selon saint Marc (4, 26-34)

« C'est la plus petite de toutes les semences, mais quand elle grandit, elle dépasse toutes les plantes potagères »

En ce temps-là, parlant à la foule, Jésus disait : « Il en est du règne de Dieu comme d'un homme qui jette en terre la semence : nuit et jour, qu'il dorme ou qu'il se lève, la semence germe et grandit, il ne sait comment. D'elle-même, la terre produit d'abord l'herbe, puis l'épi, enfin du blé plein l'épi. Et dès que le blé est mûr, il y met la faucille, puisque le temps de la moisson est arrivé. »

Il disait encore : « À quoi allons-nous comparer le règne de Dieu ? Par quelle parabole pouvons-nous le représenter ? Il est comme une graine de moutarde : quand on la sème en terre, elle est la

DIMANCHE 13 JUIN 2021

plus petite de toutes les semences. Mais quand on l'a semée, elle grandit et dépasse toutes les plantes potagères ; et elle étend de longues branches, si bien que les oiseaux du ciel peuvent faire leur nid à son ombre. »
Par de nombreuses paraboles semblables, Jésus leur annonçait la Parole, dans la mesure où ils étaient capables de l'entendre. Il ne leur disait rien sans parabole, mais il expliquait tout à ses disciples en particulier.

Homélie

Profession de foi (p. 222)

Suggestion de prière universelle

Le prêtre :
Que nous dormions ou soyons éveillés, notre Père fait grandir son royaume. Confions-lui la prière des hommes et des femmes de notre temps.

℟ ***Dans ta miséricorde, Seigneur, écoute-nous.***

Éd. de l'Emmanuel ; M. : J.-M. Morin.

DIMANCHE 13 JUIN 2021

Le diacre ou un lecteur :

Le Royaume est semblable à un arbre qui accueille en son sein tous les oiseaux du ciel. Pour l'Église, appelée à s'ouvrir à tous les habitants de la terre ; animés de l'esprit de charité, prions le Seigneur. ℟

Le Royaume est pareil à un homme qui jette en terre la semence. Pour nos responsables politiques, appelés à se dépenser sans compter au service de l'humanité ; animés de l'esprit de service, prions le Seigneur. ℟

Le Royaume est comme une graine de moutarde qui dépasse un jour les autres plantes potagères. Pour les personnes découragées, qui ont perdu l'espérance en la victoire de l'amour, animés de compassion, prions le Seigneur. ℟

Le Royaume est telle une semence qui devient herbe, puis épi de blé. Pour les jeunes qui, en se préparant au mariage, permettent à leur amour de mûrir, avec le pape François, prions le Seigneur. ℟

(Ces intentions seront adaptées ou modifiées selon les circonstances.)

Le prêtre :

Dieu notre Père, écoute les prières de ton assemblée qui espère en ton royaume, daigne les exaucer. Par Jésus, le Christ, notre Seigneur.
— **Amen.**

LITURGIE EUCHARISTIQUE

Prière sur les offrandes
Tu as voulu que nous trouvions, Seigneur, dans les biens que nous te présentons les nourritures de cette vie et le sacrement d'une vie nouvelle ; fais que nos corps et nos âmes puissent toujours en bénéficier. Par Jésus… — **Amen.**

Prière eucharistique (Préface des dimanches, p. 226)

Chant de communion (Suggestions p. 247)
OU
Antienne de la communion
J'ai demandé une chose au Seigneur,
la seule que je cherche :
habiter la maison du Seigneur tous les jours de ma vie.
(Ps 26, 4)
OU
Jésus priait ainsi : « Père très saint, garde mes disciples
dans la fidélité à ton nom que tu m'as donné en partage,
pour qu'ils soient un comme nous, dans l'amour. »
(Jn 17, 11)

DIMANCHE 13 JUIN 2021

Prière après la communion
Cette communion à tes mystères, Seigneur, préfigure l'union des fidèles en toi ; fais qu'elle serve à l'unité dans ton Église. Par Jésus…
— **Amen.**

CONCLUSION DE LA CÉLÉBRATION

Bénédiction

Envoi

DIMANCHE 13 JUIN 2021

COMMENTAIRE DU DIMANCHE
Père Benoît Gschwind, assomptionniste

Un peuple de vivants

Nous savons que Jésus ne cesse de parler en paraboles, avec des mots simples et vrais, des allusions concrètes à la vie quotidienne. Le langage des paraboles ne nous étonne plus, et pourtant, à chaque lecture, les paraboles n'ont jamais fini de nous surprendre, de nous déranger, de nous faire grandir. « Convertissez-vous, le règne de Dieu est tout proche ! » Ces premiers mots de Jésus dans l'évangile de Marc résonnent encore dans notre tête. Ils sonnent le début de la mission de Jésus. Par ses gestes, par ses paroles, par ses enseignements, ses miracles et ses guérisons, Jésus ne cesse de jeter en terre la semence du règne de Dieu. Dur labeur, sans doute épuisant devant la dureté du cœur de l'homme, mais travail de confiance, tout à l'écoute de son Père et de la mission qui est la sienne. Jésus sème et, jour ...

DIMANCHE 13 JUIN 2021

... et nuit, la semence grandit jusqu'à porter son fruit ! Aujourd'hui encore, elle est jetée dans la terre boueuse ou préparée de nos vies quotidiennes et de notre monde. Déjà là et encore à venir, le règne de Dieu ne cesse de nous surprendre si nous savons le guetter, le reconnaître, le nommer, mais aussi l'annoncer. Il étend ses branchages et nous devenons les fils de la promesse, un peuple de vivants, savourant et partageant les fruits du Royaume. À Dieu rien n'est impossible ! L'arbre sec peut reverdir. Le grain semé porte du fruit. Dieu tient parole !

Qu'est-ce que pour moi le règne de Dieu ?
Quels sont les signes du règne de Dieu
que je vois aujourd'hui ? ■

DIMANCHE 13 JUIN 2021

LIRE L'ÉVANGILE AVEC LES ENFANTS

CE QUE JE DÉCOUVRE

Pour nous parler du règne de Dieu, **Jésus raconte une histoire, celle d'une petite graine qui pousse en terre.** Le règne de Dieu, c'est l'amour qu'il a planté dans ton cœur lors de ton baptême. Au début, c'est une graine qui pousse toute seule. Mais ensuite, il faut s'en occuper tous les jours. Alors **cette graine d'amour va grandir et prendre une grande place, peut-être même toute la place dans ton cœur...** Et cet amour va attirer beaucoup de personnes, servir de refuge à d'autres, comme la plus grande de toutes les plantes où les oiseaux pourront faire leur nid.

13 - 19

CE QUE JE VIS

C'est bientôt la fin de l'année d'école ! Rappelle-toi, depuis la rentrée... Qu'est ce qui a grandi chez toi ? Qui t'a aidé à grandir ? **Remercie Dieu pour chaque personne qui a pris soin de toi.**

Texte : P. Cédric Kuntz. Illustrations : Marcelino Truong

DIMANCHE 13 JUIN 2021

MÉDITATION BIBLIQUE
11ᵉ DIMANCHE DU TEMPS ORDINAIRE
Évangile selon saint Marc 4, 26-34

La Parole dans l'espace et dans le temps

Dans les paraboles, Jésus se réfère au cosmos qui a la capacité de suggérer sans enfermer, de dire ce qu'il en est de la mystérieuse fécondité de la Parole dans une bonne terre.

Le temps de la préparation
« La terre a donné son fruit ;
Dieu, notre Dieu, nous bénit. »
Ps 66 (67), 7

Le temps de l'observation

Les deux paraboles dans l'évangile de ce dimanche sont un appel à l'émerveillement et à la confiance. La semence, symbole de la Parole, est porteuse d'une invincible puissance, d'une énergie qui n'est pas à la mesure humaine. Parole créatrice, Parole salvatrice, Parole qui donne au Règne d'advenir en nous et entre nous, comme ce lieu où Dieu « sera tout en tous » (1 Co 15, 28). Certes, les contemporains de Jésus pouvaient percevoir des signes de la venue du Règne dans les réconciliations, les guérisons, l'expulsion des forces du Mal, une compréhension plus juste de

Dieu. Mais ces signes étaient encore très éloignés de « ce que Dieu a préparé pour ceux dont il est aimé », de ce « que l'œil n'a pas vu », de « ce que l'oreille n'a pas entendu », de « ce qui n'est pas venu à l'esprit de l'homme » (1 Co 2, 9). Dans ce contexte où il s'agit de respecter le temps de la croissance, entre semailles et moissons, l'accent est mis sur la foi et non sur les œuvres humaines.

Le temps de la méditation

La graine de moutarde, « la plus petite de toutes les semences », « grandit et dépasse toutes les plantes potagères » une fois semée. Elle renvoie à la dimension spatiale de la fécondité : « les oiseaux du ciel », symboles des nations païennes, pourront « faire leur nid » dans ses « longues branches ». La Parole est semée largement et ses fruits ne se limitent pas à un peuple ou une communauté spécifique. Nous sommes ici dans l'ordre de l'universel et interrogés sur notre capacité à accueillir ceux du dehors, à nous forger une identité ouverte ou non. La Parole agit également dans le temps : elle transcende l'époque où elle a été énoncée puisque nous sommes en train de la lire et de la prier, de la transmettre à notre tour. Elle qui est « fondements sur lesquels bâtir l'espérance », « appuis pour consolider la foi », « aliments pour réconforter le cœur », « orientations pour diriger le voyage » (saint Cyprien, La Prière du Seigneur).

Le temps de la prière

« Qu'il est bon de rendre grâce au Seigneur. » Ps 91 (92), 2 ∎

Sœur Emmanuelle Billoteau,
ermite

DIMANCHE 13 JUIN 2021

LE SAINT DU MOIS
BIENHEUREUX MARIE-JOSEPH CASSANT (1878-1903)

[17 JUIN
BIENHEUREUX
MARIE-JOSEPH
CASSANT]

Fort en Dieu

De 1852 jusqu'à leur départ à l'automne 2020, des générations de moines ont vécu et prié à la Trappe de Sainte-Marie-du-Désert (31), près de Toulouse. Parmi eux, il y eut évidemment des hommes exceptionnels de par leur charisme, leur énergie, leur culture… Mais, paradoxalement, la figure qui émerge de ces 168 ans d'histoire est celle d'un jeune moine, modeste et fragile : le bienheureux Marie-Joseph Cassant.

Né en 1878 à Casseneuil (47), non loin d'Agen, ce fils d'arboriculteurs chrétiens ressentit très tôt le désir de se rapprocher de Jésus en devenant prêtre. Cependant, sa mauvaise mémoire lui ferma les portes du petit séminaire. Le curé de son village lui parla alors de la vie cistercienne : heureux de pouvoir se donner entièrement à Dieu, le jeune homme entra fin 1894 à l'abbaye Sainte-Marie-du-Désert et devint frère Marie-Joseph. Le nouvel entrant fut vite apprécié pour sa simplicité, sa gentillesse, sa gaieté. Après le postulat et le noviciat, frère Marie-Joseph prononça ses vœux définitifs en mai 1900. Mais lui qui écrivait que « la communion était sa vie », aspirait toujours à pouvoir célébrer la messe. À force de prière et de persévérance, il parvint à surmonter les accès de découragement et les moqueries résultant de ses difficultés intellectuelles : ayant réussi ses examens, il put être ordonné

DIMANCHE 13 JUIN 2021

prêtre en octobre 1902. Hélas, peu après, on lui diagnostiqua la tuberculose, maladie alors incurable à laquelle il succomba le 17 juin 1903. Ses écrits et le témoignage de son directeur spirituel révélèrent que cet humble moine avait pleinement vécu l'affirmation de saint Paul : « C'est quand je suis faible que je suis fort » (cf. 2 Co 12, 10). Connaissant ses limites, rejetant tout orgueil, frère Marie-Joseph avait fait du Seigneur « son roc, sa forteresse » (cf. Ps 17, 2). Cette totale confiance en Dieu et son amour pour Jésus Eucharistie lui ont valu d'être béatifié à Rome, le 3 octobre 2004. ■ **Xavier Lecœur**, journaliste et historien

UN SAINT POUR AUJOURD'HUI

Chacun de nous a ses fragilités, plus ou moins assumées. Elles nous causent des tourments et provoquent parfois des incompréhensions. Le bienheureux Marie-Joseph Cassant nous montre comment les accepter, en s'appuyant sur Dieu et en se laissant réconforter par son inépuisable bonté.

© Gaëtan Évrard

LUNDI 14 JUIN 2021

11ᵉ SEMAINE DU TEMPS ORDINAIRE COULEUR LITURGIQUE : VERT

Temps ordinaire, *suggestion d'oraisons et d'antiennes n° 2*

Antienne d'ouverture
**Que toute la terre se prosterne devant toi :
Seigneur, qu'elle chante pour toi,
qu'elle chante à la gloire de ton nom, Dieu très-haut.**
(Ps 65, 4)

Prière
Dieu éternel et tout-puissant, qui régis l'univers du ciel et de la terre : exauce, en ta bonté, les prières de ton peuple et fais à notre temps la grâce de la paix. Par Jésus Christ… — *Amen.*

Lecture

de la deuxième lettre de saint Paul apôtre aux Corinthiens (6, 1-10)

« Nous nous recommandons comme des ministres de Dieu »

Frères, en tant que coopérateurs de Dieu, nous vous exhortons encore à ne pas laisser sans effet la grâce reçue de lui. Car il dit dans l'Écriture : *Au moment favorable je t'ai exaucé, au jour du salut je t'ai secouru.* Le voici maintenant le moment favorable, le voici maintenant le jour du salut.
Pour que notre ministère ne soit pas exposé à la critique, nous veillons à ne choquer personne en rien. Au contraire, en tout, nous nous

LUNDI 14 JUIN 2021

recommandons nous-mêmes comme des ministres de Dieu : par beaucoup d'endurance, dans les détresses, les difficultés, les angoisses, les coups, la prison, les émeutes, les fatigues, le manque de sommeil et de nourriture, par la chasteté, la connaissance, la patience et la bonté, la sainteté de l'esprit et la sincérité de l'amour, par une parole de vérité, par une puissance qui vient de Dieu ; nous nous présentons avec les armes de la justice pour l'attaque et la défense, dans la gloire et le mépris, dans la mauvaise et la bonne réputation. On nous traite d'imposteurs, et nous disons la vérité ; on nous prend pour des inconnus, et nous sommes très connus ; on nous croit mourants, et nous sommes bien vivants ; on nous punit, et nous ne sommes pas mis à mort ; on nous croit tristes, et nous sommes toujours joyeux ; pauvres, et nous faisons tant de riches ; démunis de tout, et nous possédons tout.
– Parole du Seigneur.

Psaume 97 (98)
℟. *Le Seigneur a fait connaître son salut.*

Chantez au Seigneur un chant nouveau,
car il a fait des merveilles ;
par son bras très saint, par sa main puissante,
il s'est assuré la victoire. ℟.

Le Seigneur a fait connaître sa victoire
et révélé sa justice aux nations ;
il s'est rappelé sa fidélité, son amour,
en faveur de la maison d'Israël. ℟.

La terre tout entière a vu
la victoire de notre Dieu.
Acclamez le Seigneur, terre entière,
sonnez, chantez, jouez ! ℟.

LUNDI 14 JUIN 2021

Acclamation de l'Évangile
Alléluia. Alléluia. Ta parole est la lumière de mes pas, la lampe de ma route. **Alléluia.**

Évangile de Jésus Christ
selon saint Matthieu (5, 38-42)

« Moi, je vous dis de ne pas riposter au méchant »

En ce temps-là, Jésus disait à ses disciples : « Vous avez appris qu'il a été dit : *Œil pour œil, et dent pour dent.* Eh bien ! moi, je vous dis de ne pas riposter au méchant ; mais si quelqu'un te gifle sur la joue droite, tends-lui encore l'autre. Et si quelqu'un veut te poursuivre en justice et prendre ta tunique, laisse-lui encore ton manteau. Et si quelqu'un te réquisitionne pour faire mille pas, fais-en deux mille avec lui. À qui te demande, donne ; à qui veut t'emprunter, ne tourne pas le dos ! »

Prière sur les offrandes
Seigneur, accorde-nous la grâce de vraiment participer à cette eucharistie ; car chaque fois qu'est célébré ce sacrifice en mémorial, c'est l'œuvre de notre Rédemption qui s'accomplit. Par Jésus… — **Amen.**

Antienne de la communion
Pour moi, Seigneur, tu as dressé la table, et ma coupe me remplit de joie.
(Ps 22, 5)

OU
Nous avons reconnu l'amour de notre Dieu ; nous le croyons : Dieu est amour. (1 Jn 4, 16)

LUNDI 14 JUIN 2021

Prière après la communion
Pénètre-nous, Seigneur, de ton esprit de charité, afin que soient unis par ton amour ceux que tu as nourris d'un même pain. Par Jésus… — ***Amen.***

INVITATION

« À qui te demande, donne » : et si je rendais un service sur demande aujourd'hui ?

13-19

COMMENTAIRE

Pas même une dent ! Matthieu 5, 38-42

Une dent et non la mâchoire entière ! C'est pour limiter la vengeance que la loi de Moïse a imposé une équitable riposte au dommage infligé. Mais le Christ nous appelle encore plus loin, jusqu'à la non-riposte. Peut-être avons-nous déjà vérifié combien, en rongeant le frein de notre répartie lors d'une critique haineuse à notre égard, celle-ci s'essouffle à défaut d'être avivée. Exigeantes, les paroles de Jésus le sont pour notre bien. ∎ *Père Thibault Van Den Driessche, assomptionniste*

MARDI 15 JUIN 2021

11ᵉ SEMAINE DU TEMPS ORDINAIRE COULEUR LITURGIQUE : VERT

Temps ordinaire, *suggestion d'oraisons et d'antiennes n° 3*

Antienne d'ouverture
**Chantez au Seigneur un chant nouveau,
chantez au Seigneur, terre entière :
la splendeur et l'éclat, la puissance et la beauté
brillent dans son Temple saint !** (Ps 95, 1. 6)

Prière
Dieu éternel et tout-puissant, dirige notre vie selon ton amour, afin qu'au nom de ton Fils bien-aimé, nous portions des fruits en abondance. Par Jésus Christ… — *Amen.*

Lecture

de la deuxième lettre de saint Paul apôtre aux Corinthiens (8, 1-9)

« Le Christ s'est fait pauvre à cause de vous »

Frères, nous voulons vous faire connaître la grâce que Dieu a accordée aux Églises de Macédoine. Dans les multiples détresses qui les mettaient à l'épreuve, l'abondance de leur joie et leur extrême pauvreté ont débordé en trésors de générosité. Ils y ont mis tous leurs moyens, et davantage même, j'en suis témoin ; spontanément, avec grande insistance, ils nous ont demandé comme une grâce de pouvoir s'unir à nous pour aider les

MARDI 15 JUIN 2021

fidèles de Jérusalem. Au-delà même de nos espérances, ils se sont eux-mêmes donnés d'abord au Seigneur, et ensuite à nous, par la volonté de Dieu. Et comme Tite avait déjà commencé, chez vous, cette œuvre généreuse, nous lui avons demandé d'aller jusqu'au bout. Puisque vous avez tout en abondance, la foi, la Parole, la connaissance de Dieu, toute sorte d'empressement et l'amour qui vous vient de nous, qu'il y ait aussi abondance dans votre don généreux ! Ce n'est pas un ordre que je donne, mais je parle de l'empressement des autres pour vérifier l'authenticité de votre charité. Vous connaissez en effet le don généreux* de notre Seigneur Jésus Christ : lui qui est riche, il s'est fait pauvre à cause de vous, pour que vous deveniez riches par sa pauvreté.
– Parole du Seigneur.

13-19

Psaume 145 (146)

℟ *Chante, ô mon âme, la louange du Seigneur !* OU *Alléluia !*

Je veux louer le Seigneur
tant que je vis,
chanter mes hymnes pour mon Dieu
tant que je dure. ℟

Heureux qui s'appuie sur le Dieu de Jacob,
qui met son espoir dans le Seigneur son Dieu,
lui qui a fait le ciel et la terre
et la mer et tout ce qu'ils renferment ! ℟

Il garde à jamais sa fidélité,
il fait justice aux opprimés,
aux affamés, il donne le pain ;
le Seigneur délie les enchaînés. ℟

Le Seigneur ouvre les yeux des aveugles,
le Seigneur redresse les accablés,
le Seigneur aime les justes,
le Seigneur protège l'étranger. ℟

MARDI 15 JUIN 2021

Acclamation de l'Évangile
Alléluia. Alléluia. Je vous donne un commandement nouveau, dit le Seigneur : « Aimez-vous les uns les autres, comme je vous ai aimés. » **Alléluia.**

Évangile de Jésus Christ
selon saint Matthieu (5, 43-48)

« Aimez vos ennemis »

En ce temps-là, Jésus disait à ses disciples : « Vous avez appris qu'il a été dit : *Tu aimeras ton prochain et tu haïras ton ennemi.* Eh bien ! moi, je vous dis : Aimez vos ennemis, et priez pour ceux qui vous persécutent, afin d'être vraiment les fils de votre Père qui est aux cieux ; car il fait lever son soleil sur les méchants et sur les bons, il fait tomber la pluie sur les justes et sur les injustes. En effet, si vous aimez ceux qui vous aiment, quelle récompense méritez-vous ? Les publicains eux-mêmes n'en font-ils pas autant ? Et si vous ne saluez que vos frères, que faites-vous d'extraordinaire ? Les païens eux-mêmes n'en font-ils pas autant ? Vous donc, vous serez parfaits comme votre Père céleste est parfait. »

Prière sur les offrandes
Dans ta bonté, Seigneur, accepte notre offrande : qu'elle soit sanctifiée et serve ainsi à notre salut. Par Jésus… — **Amen.**

MARDI 15 JUIN 2021

Antienne de la communion
Ensemble, approchez du Seigneur : resplendissez de sa lumière et sur votre visage il n'y aura plus d'ombre.
(Ps 33, 6)
OU
« Je suis la lumière du monde, dit le Seigneur, celui qui me suit ne marchera pas dans les ténèbres : il aura la lumière de la vie. »
(Jn 8, 12)

Prière après la communion
Permets, nous t'en prions, Dieu tout-puissant, qu'ayant reçu de toi la grâce d'une nouvelle vie, nous puissions nous en émerveiller toujours. Par Jésus… — **Amen.**

13 - 19

INVITATION

Dans ma prière aujourd'hui, je reprends l'intention du pape pour ce mois-ci : je confie au Seigneur les couples de ma paroisse qui se préparent au mariage.

MARDI 15 JUIN 2021

COMMENTAIRE

Sous le même soleil — Matthieu 5, 43-48

« Les chemises de tous sèchent au même soleil », selon un proverbe persan. Le soleil est pour tous. Dieu n'a pas conçu d'équation déterminant selon quelle intensité ses rayons réchauffent les humains et leurs récoltes. Sa bonté, sa tendresse, son pardon sont ardents, débordants, généreux. Et c'est en fuyant les ombres de nos ruminations et en nous exposant aux lueurs de l'astre divin, que nous pourrons, à sa suite, aimer nos ennemis. ∎ *Père Thibault Van Den Driessche, assomptionniste*

✣ CLÉ DE LECTURE

« Le don généreux » — 2 Corinthiens 8, 9 *(p. 113)*

Le mot qui revient trois fois dans ces quatre versets est le grec « kharis », « grâce ». On le lit au premier verset : « La grâce que Dieu a accordée. » Cette grâce, c'est la joie de donner. Dieu nous donne de donner. Car Dieu lui-même est don. On dit parfois que Dieu « s'auto-communique », une expression un peu barbare, mais dont Paul nous offre la clé : le don de Dieu, c'est d'abord le Christ, et on pourrait traduire « le *don généreux* qu'est le Christ ». Or, le Christ n'a cessé de se dépouiller lui-même, renonçant jusqu'à son égalité avec Dieu. Durant toute sa vie et jusqu'à sa mort, il s'est fait serviteur ; ainsi le don que Dieu nous fait en lui, c'est de nous permettre de devenir, à notre tour et avec lui, serviteurs, prêts à donner généreusement. ∎

Roselyne Dupont-Roc, bibliste

MERCREDI 16 JUIN 2021
11ᵉ SEMAINE DU TEMPS ORDINAIRE COULEUR LITURGIQUE : VERT

Temps ordinaire, suggestion d'oraisons et d'antiennes n° 4

Antienne d'ouverture
**Sauve-nous, Seigneur notre Dieu ;
rassemble tes enfants dispersés.
Nous rendrons grâce à ton saint nom,
nous te bénirons dans la joie.** (Ps 105, 47)

Prière
Accorde-nous, Seigneur, de pouvoir t'adorer sans partage, et d'avoir pour tout homme une vraie charité. Par Jésus Christ… — **Amen.**

Lecture
de la deuxième lettre de saint Paul apôtre aux Corinthiens (9, 6-11)

« Dieu aime celui qui donne joyeusement »

Frères, rappelez-vous le proverbe : À semer trop peu, on récolte trop peu ; à semer largement, on récolte largement. Que chacun donne comme il a décidé dans son cœur, sans regret et sans contrainte, car Dieu aime celui qui donne joyeusement*. Et Dieu est assez puissant pour vous donner toute grâce en abondance, afin que vous ayez, en toute chose et toujours, tout ce qu'il vous faut, et même que vous ayez en abondance de quoi faire toute sorte de bien. L'Écriture dit en effet de l'homme juste : *Il distribue, il*

MERCREDI 16 JUIN 2021

donne aux pauvres; sa justice demeure à jamais. Dieu, qui fournit la semence au semeur et le pain pour la nourriture, vous fournira la graine; il la multipliera, il donnera la croissance à ce que vous accomplirez dans la justice. Il vous rendra riches en générosité de toute sorte, ce qui suscitera notre action de grâce envers Dieu.
– Parole du Seigneur.

Psaume 111 (112)

℟ **Heureux qui craint le Seigneur.**
OU **Alléluia !**

Heureux qui craint le Seigneur,
qui aime entièrement sa volonté !
Sa lignée sera puissante sur la terre ;
la race des justes est bénie. ℟

Les richesses affluent dans sa maison :
à jamais se maintiendra sa justice.
Lumière des cœurs droits,
   il s'est levé dans les ténèbres,
homme de justice, de tendresse et de pitié. ℟

L'homme de bien a pitié, il partage,
à pleines mains, il donne au pauvre ;
à jamais se maintiendra sa justice,
sa puissance grandira, et sa gloire ! ℟

Acclamation de l'Évangile

Alléluia. Alléluia. Si quelqu'un m'aime, il gardera ma parole, dit le Seigneur ; mon Père l'aimera, et nous viendrons vers lui. **Alléluia.**

MERCREDI 16 JUIN 2021

Évangile de Jésus Christ
selon saint Matthieu (6, 1-6. 16-18)

« Ton Père qui voit dans le secret te le rendra »

En ce temps-là, Jésus disait à ses disciples : « Ce que vous faites pour devenir des justes, évitez de l'accomplir devant les hommes pour vous faire remarquer. Sinon, il n'y a pas de récompense pour vous auprès de votre Père qui est aux cieux. Ainsi, quand tu fais l'aumône, ne fais pas sonner la trompette devant toi, comme les hypocrites qui se donnent en spectacle dans les synagogues et dans les rues, pour obtenir la gloire qui vient des hommes. Amen, je vous le déclare : ceux-là ont reçu leur récompense. Mais toi, quand tu fais l'aumône, que ta main gauche ignore ce que fait ta main droite, afin que ton aumône reste dans le secret ; ton Père qui voit dans le secret te le rendra. Et quand vous priez, ne soyez pas comme les hypocrites : ils aiment à se tenir debout dans les synagogues et aux carrefours pour bien se montrer aux hommes quand ils prient. Amen, je vous le déclare : ceux-là ont reçu leur récompense. Mais toi, quand tu pries, retire-toi dans ta pièce la plus retirée, ferme la porte, et prie ton Père qui est présent dans le secret ; ton Père qui voit dans le secret te le rendra.

« Et quand vous jeûnez, ne prenez pas un air abattu, comme les hypocrites : ils prennent une mine défaite pour bien montrer aux hommes qu'ils jeûnent. Amen, je vous le déclare : ceux-là ont reçu leur récompense. Mais toi, quand tu jeûnes, parfume-toi la tête et lave-toi le visage ; ainsi, ton jeûne ne sera pas connu des hommes, mais seulement de ton Père qui est présent au plus secret ; ton Père qui voit au plus secret te le rendra. »

MERCREDI 16 JUIN 2021

Prière sur les offrandes.
Pour te servir, Seigneur, nous déposons nos offrandes sur ton autel : accueille-les avec indulgence, pour qu'elles deviennent le sacrement de notre salut. Par Jésus… — **Amen.**

Antienne de la communion
Seigneur, que ton visage s'éclaire
en faveur de tes fidèles.
Sauve-nous dans ta bonté,
ne déçois pas notre prière.
(Ps 30, 17-18)
OU
Heureux les pauvres de cœur :
le royaume des Cieux est à eux !
Heureux les doux :
ils obtiendront la terre promise !
(Mt 5, 3-4)

Prière après la communion
Nous avons été fortifiés, Seigneur, par le sacrement de notre Rédemption ; permets que cet aliment de salut éternel nous fasse progresser dans la vraie foi. Par Jésus… — **Amen.**

INVITATION

Comment puis-je apporter mon soutien (moral et financier) aux étudiants, normalement en période d'examens et malmenés ces derniers mois par la solitude et la précarité ?

MERCREDI 16 JUIN 2021

COMMENTAIRE

« Suspendu par les narines »
Matthieu 6, 1-6. 16-18

Prière, charité, jeûne, par où commencer ? Au IVe siècle, dans les déserts d'Égypte, deux frères menaient une vie rigoureuse à la suite du Christ. L'un se recueillait avec assiduité dans sa cellule et jeûnait six jours par semaine. L'autre était au service d'un malade. « Le frère jeûnant pendant six jours, estimait un sage du désert, même s'il se suspendait par les narines, ne pourrait être l'égal de celui qui sert le malade. » ■

Père Thibault Van Den Driessche, assomptionniste

�֍ CLÉ DE LECTURE

« Qui donne joyeusement »
2 Corinthiens 9, 7 *(p. 117)*

Ce chapitre est un second billet dans lequel Paul tente de convaincre les Corinthiens de participer à une collecte financière pour aider l'Église de Jérusalem menacée par la famine. Paul en fait un véritable hymne à la générosité. Tout bien vient de Dieu créateur qui donne à profusion ; aussi donner généreusement consiste à s'inscrire dans le projet de Dieu, mieux encore dans le flux de la grâce (« kharis ») : elle est vie et richesse que chacun reçoit de Dieu et qu'il partage en donnant à d'autres et en faisant jaillir le remerciement, l'action de grâce (« eukharistia »). Telle est la première « eucharistie » chrétienne : donner, partager et, ensemble, en rendre grâce à Dieu. Le don qui remonte en louange vers son auteur devient source d'une joie profonde. ■

Roselyne Dupont-Roc, bibliste

13-19

JEUDI 17 JUIN 2021

11ᵉ SEMAINE DU TEMPS ORDINAIRE COULEUR LITURGIQUE : VERT

Temps ordinaire, *suggestion d'oraisons et d'antiennes n°5*

Antienne d'ouverture
**Venez, inclinez-vous, prosternez-vous :
adorons le Seigneur qui nous a faits :
oui, il est notre Dieu.** (Ps 94, 6-7)

Prière
Dans ton amour inlassable, Seigneur, veille sur ta famille ; et puisque ta grâce est notre unique espoir, garde-nous sous ta constante protection. Par Jésus Christ… — **Amen.**

Lecture
de la deuxième lettre de saint Paul apôtre aux Corinthiens (11, 1-11)

« Je vous ai annoncé l'Évangile de Dieu gratuitement »

Frères, pourriez-vous supporter de ma part un peu de folie ? Oui, de ma part, vous allez le supporter, à cause de mon amour jaloux* qui est l'amour même de Dieu pour vous. Car je vous ai unis au seul Époux : vous êtes la vierge pure que j'ai présentée au Christ. Mais j'ai bien peur qu'à l'exemple d'Ève séduite par la ruse du serpent, votre intelligence des choses ne se corrompe en perdant la simplicité et la pureté qu'il faut avoir à l'égard du Christ. En effet, si le premier venu vous annonce

un autre Jésus, un Jésus que nous n'avons pas annoncé, si vous recevez un esprit différent de celui que vous avez reçu, ou un Évangile différent de celui que vous avez accueilli, vous le supportez fort bien ! J'estime, moi, que je ne suis inférieur en rien à tous ces super-apôtres. Je ne vaux peut-être pas grand-chose pour les discours, mais pour la connaissance de Dieu, c'est différent : nous vous l'avons montré en toute occasion et de toutes les façons. Aurais-je commis une faute lorsque, m'abaissant pour vous élever, je vous ai annoncé l'Évangile de Dieu gratuitement ? J'ai appauvri d'autres Églises en recevant d'elles l'argent nécessaire pour me mettre à votre service. Quand j'étais chez vous, et que je me suis trouvé dans le besoin, je n'ai été à charge de personne ; en effet, pour m'apporter ce dont j'avais besoin, des frères sont venus de Macédoine. En toute occasion, je me suis gardé d'être un poids pour vous, et je m'en garderai toujours. Aussi sûrement que la vérité du Christ est en moi, ce motif de fierté ne me sera enlevé dans aucune des régions de la Grèce. Pourquoi donc me comporter ainsi ? Serait-ce parce que je ne vous aime pas ? Mais si ! Et Dieu le sait.
– Parole du Seigneur.

Psaume 110 (111)

℟ *Justesse et sûreté, les œuvres de ses mains.*
OU *Alléluia !*

De tout cœur je rendrai grâce au Seigneur
dans l'assemblée, parmi les justes.

Grandes sont les œuvres du Seigneur ;
tous ceux qui les aiment s'en instruisent. ℟

JEUDI 17 JUIN 2021

Noblesse et beauté dans ses actions :
à jamais se maintiendra sa justice.
De ses merveilles il a laissé un mémorial ;
le Seigneur est tendresse et pitié. ℟

Justesse et sûreté, les œuvres de ses mains,
sécurité, toutes ses lois,
établies pour toujours et à jamais,
accomplies avec droiture et sûreté ! ℟

Acclamation de l'Évangile
Alléluia. Alléluia. Vous avez reçu un Esprit qui fait de vous des fils ; c'est en lui que nous crions « *Abba* », Père. **Alléluia.**

Évangile de Jésus Christ
selon saint Matthieu (6, 7-15)

En ce temps-là, Jésus disait à ses disciples : « Lorsque vous priez, ne rabâchez pas comme les païens : ils s'imaginent qu'à force de paroles ils seront exaucés. Ne les imitez donc pas, car votre Père sait de quoi vous avez besoin, avant même que vous l'ayez *demandé*. Vous donc, priez ainsi : Notre Père, qui es aux cieux, que ton nom soit sanctifié, que ton règne vienne, que ta volonté soit faite sur la terre comme au ciel.

« Vous donc, priez ainsi »

Donne-nous aujourd'hui notre pain de ce jour. Remets-nous nos dettes, comme nous-mêmes nous remettons leurs dettes à nos débiteurs. Et ne nous laisse pas entrer en tentation, mais délivre-nous du Mal.
« Car, si vous pardonnez aux hommes leurs fautes, votre Père céleste vous pardonnera aussi. Mais si vous ne pardonnez pas aux hommes, votre Père non plus ne pardonnera pas vos fautes. »

JEUDI 17 JUIN 2021

Prière sur les offrandes
Seigneur notre Dieu, tu as voulu choisir dans ta création le pain et le vin qui refont chaque jour nos forces : fais qu'ils deviennent aussi pour nous le sacrement de la vie éternelle. Par Jésus… — **Amen.**

Antienne de la communion
Proclamons l'amour du Seigneur,
ses merveilles pour les hommes :
il a rassasié ceux qui avaient faim,
et désaltéré ceux qui avaient soif.
(Ps 106, 8-9)
OU
Heureux ceux qui pleurent :
ils seront consolés !
Heureux ceux qui ont faim et soif
de la justice : ils seront rassasiés !
(Mt 5, 5-6)

Prière après la communion
Tu as voulu, Seigneur, que nous partagions un même pain et que nous buvions à la même coupe : accorde-nous de vivre tellement unis dans le Christ que nous portions du fruit pour le salut du monde. Par Jésus…
— **Amen.**

INVITATION
Je peux prier le chapelet de Lourdes en le regardant en direct à 15 h 30 sur le site du sanctuaire www.lourdes-france.org.

JEUDI 17 JUIN 2021

COMMENTAIRE

Vers la source — Matthieu 6, 7-15

Chapelets distraits et litanies récitées, notre prière nous laisse parfois sur notre soif. Et s'il suffisait d'éloigner les pierrailles de nos soucis pour écouter sourdre, au fond de nos cœurs, une source de vie, un torrent d'amour ? C'est une prière intime jaillie du cœur : « Je suis loin de toi, alors que toi, douce source de tout ce qui est vie, ou de tout ce qui me fait vivre, tu m'es, toi, le prochain le plus proche de moi », s'exclamait le poète flamand, le père Guido Gezelle. ■

Père Thibault Van Den Driessche, assomptionniste

✳ CLÉ DE LECTURE

« À cause de mon amour jaloux » — 2 Corinthiens 11, 2 *(p. 122)*

Un amour jaloux, un zèle si puissant que Paul ne recule devant aucune prétention et se dit animé de l'amour même de Dieu pour les Corinthiens. Ils l'ont pourtant humilié et sont allés chercher ailleurs des prédicateurs authentifiés par le prix élevé de leurs prestations. Or, Paul veut donner la preuve inverse de l'authenticité de son apostolat et de son amour pour les chrétiens de Corinthe : il annonce l'Évangile gratuitement. Il ne leur délivre pas seulement un enseignement ou un message au nom du Christ, c'est sa propre vie qui est livrée, entièrement donnée à celui qui l'a saisie, le Christ Jésus. La prétention de l'apôtre serait excessive si elle ne reposait sur cette réalité : il s'efface jusqu'à se rendre transparent devant son Seigneur. ■

Roselyne Dupont-Roc, bibliste

VENDREDI 18 JUIN 2021

11ᴱ SEMAINE DU TEMPS ORDINAIRE COULEUR LITURGIQUE : VERT

Temps ordinaire, *suggestion d'oraisons et d'antiennes n°6*

Antienne d'ouverture
**Seigneur, sois le rocher qui m'abrite,
la maison bien défendue qui me sauve.
Pour l'honneur de ton nom guide-moi, conduis-moi.** (Ps 30, 3-4)

Prière
Dieu qui veux habiter les cœurs droits et sincères, donne-nous de vivre selon ta grâce, alors tu pourras venir en nous pour y faire ta demeure. Par Jésus Christ…
— ***Amen.***

Lecture
de la deuxième lettre de saint Paul apôtre aux Corinthiens (11, 18. 21b-30)

« Ma préoccupation quotidienne, le souci de toutes les Églises »

Frères, puisque tant d'autres se vantent à la manière humaine ; eh bien, je vais, moi aussi, me vanter. Si certains ont de l'audace – je parle dans un accès de folie –, j'ai de l'audace, moi aussi. Ils sont hébreux ? Moi aussi. Ils sont israélites ? Moi aussi. Ils sont de la descendance d'Abraham ? Moi aussi. Ils sont ministres du Christ ? Eh bien – je vais dire une folie – moi, je le suis davantage : dans les fatigues, bien plus ; dans les prisons, bien plus ; sous les coups, largement plus ; en danger de mort,

VENDREDI 18 JUIN 2021

très souvent. Cinq fois, j'ai reçu des Juifs les trente-neuf coups de fouet ; trois fois, j'ai subi la bastonnade ; une fois, j'ai été lapidé ; trois fois, j'ai fait naufrage et je suis resté vingt-quatre heures perdu en pleine mer. Souvent à pied sur les routes, avec les dangers des fleuves, les dangers des bandits, les dangers venant de mes frères de race, les dangers venant des païens, les dangers de la ville, les dangers du désert, les dangers de la mer, les dangers des faux frères. J'ai connu la fatigue et la peine, souvent le manque de sommeil, la faim et la soif, souvent le manque de nourriture, le froid et le manque de vêtements, sans compter tout le reste : ma préoccupation quotidienne, le souci de toutes les Églises. Qui donc faiblit, sans que je partage sa faiblesse* ? Qui vient à tomber, sans que cela me brûle ? S'il faut se vanter, je me vanterai de ce qui fait ma faiblesse. – Parole du Seigneur.

Psaume 33 (34)

℟ *De toutes leurs angoisses, Dieu délivre les justes.*

Je bénirai le Seigneur en tout temps,
sa louange sans cesse à mes lèvres.
Je me glorifierai dans le Seigneur :
que les pauvres m'entendent
　　et soient en fête ! ℟

Magnifiez avec moi le Seigneur,
exaltons tous ensemble son nom.

Je cherche le Seigneur, il me répond :
de toutes mes frayeurs, il me délivre. ℟

Qui regarde vers lui resplendira,
sans ombre ni trouble au visage.
Un pauvre crie ; le Seigneur entend :
il le sauve de toutes ses angoisses. ℟

VENDREDI 18 JUIN 2021

Acclamation de l'Évangile
Alléluia. Alléluia. Heureux les pauvres de cœur, car le royaume des Cieux est à eux ! **Alléluia.**

Évangile de Jésus Christ
selon saint Matthieu (6, 19-23)

« Là où est ton trésor, là aussi sera ton cœur »

En ce temps-là, Jésus disait à ses disciples : « Ne vous faites pas de trésors sur la terre, là où les mites et les vers les dévorent, où les voleurs percent les murs pour voler. Mais faites-vous des trésors dans le ciel, là où il n'y a pas de mites ni de vers qui dévorent, pas de voleurs qui percent les murs pour voler. Car là où est ton trésor, là aussi sera ton cœur. La lampe du corps, c'est l'œil. Donc, si ton œil est limpide, ton corps tout entier sera dans la lumière ; mais si ton œil est mauvais, ton corps tout entier sera dans les ténèbres. Si donc la lumière qui est en toi est ténèbres, comme elles seront grandes, les ténèbres ! »

13-19

Prière sur les offrandes
Que cette eucharistie, Seigneur notre Dieu, nous purifie et nous renouvelle ; qu'elle donne à ceux qui font ta volonté le bonheur que tu leur as promis. Par Jésus… — **Amen.**

VENDREDI 18 JUIN 2021

Antienne de la communion
Le Seigneur combla le désir
de son peuple : ils mangèrent
et ils furent rassasiés,
leur attente ne fut pas trompée.
(Ps 77, 29-30)
OU
Dieu a tant aimé le monde
qu'il a donné son Fils unique :
ainsi, celui qui croit en lui ne périra
pas, mais il obtiendra la vie éternelle.
(Jn 3, 16)

Prière après la communion
Tu nous as donné, Seigneur, de goûter
aux joies du ciel : fais que nous ayons
toujours soif des sources de la vraie
vie. Par Jésus…
— **Amen.**

· **INVITATION**

En ces derniers jours de printemps, je m'attarde sur une fleur odorante,
le chant d'un oiseau… et je loue le Créateur.

VENDREDI 18 JUIN 2021

COMMENTAIRE

Où est mon trésor ?
Matthieu 6, 19-23

Thésauriser pour le ciel et non pour la terre. Faut-il pour autant renoncer aux trésors de la terre ? Certes, certains sont comme l'avare de Molière qui a une telle aversion pour le mot donner, « qu'il ne dit jamais je vous donne, mais je vous prête le bonjour ». Mais tout humains qu'ils soient, certains trésors, une sublime mélodie, une œuvre d'art, une prompte intelligence, des doigts en or, ne peuvent-ils être tremplins vers le trésor ultime ? ■

Père Thibault Van Den Driessche, assomptionniste

✤ CLÉ DE LECTURE

« Sa faiblesse »
2 Corinthiens 11, 29 (p. 128)

Le nombre des épreuves endurées est impressionnant. Paul cèderait-il à l'excès dans sa défense contre ceux qui le dénigrent ? Nous ne savons pas grand-chose de ces prédicateurs doués qui annoncent « un autre Jésus et un autre Évangile » ; ont-ils même disparu du paysage chrétien ? Or, l'essentiel n'est pas là, il est dans le souci que Paul se fait pour toutes les Églises. Il vit au rythme de ces communautés minuscules qui se laissent aisément séduire et dont la foi est mal assurée. Paul est touché dans sa chair par leurs difficultés, il accueille et partage jusqu'à leurs défaillances comme une faiblesse qui l'atteint de plein fouet. Mais il sait que Jésus a partagé et porté cette faiblesse pour la retourner en force de pardon et de résurrection. ■

Roselyne Dupont-Roc, bibliste

SAMEDI 19 JUIN 2021

11ᵉ SEMAINE DU TEMPS ORDINAIRE COULEUR LITURGIQUE : VERT

Temps ordinaire, *suggestion d'oraisons et d'antiennes nº 7*
ou bienheureuse Vierge Marie, *voir p. 137,*
ou saint Romuald

Antienne d'ouverture
**Seigneur, je suis sûr de ton amour : mon cœur est dans la joie,
car tu me sauves ; je veux chanter au Seigneur
tout le bien qu'il m'a fait.** (Ps 12, 6)

Prière
Accorde-nous, Dieu tout-puissant, de conformer à ta volonté nos paroles et nos actes dans une inlassable recherche des biens spirituels. Par Jésus Christ…
— **Amen.**

Lecture

de la deuxième lettre de saint Paul apôtre aux Corinthiens (12, 1-10)

« Très volontiers, je mettrai plutôt ma fierté dans mes faiblesses »

Frères, faut-il se vanter ? Ce n'est pas utile. J'en viendrai pourtant aux visions et aux révélations reçues du Seigneur. Je sais qu'un fidèle du Christ, voici quatorze ans, a été emporté jusqu'au troisième ciel – est-ce dans son corps ? je ne sais pas ; est-ce hors de son corps ? je ne sais pas ; Dieu le sait –, mais je sais que cet homme dans cet état-là – est-ce dans son corps, est-ce sans son corps ? je ne sais pas, Dieu le sait – cet homme-là a été emporté au paradis et il a entendu des paroles ineffables,

qu'un homme ne doit pas redire. D'un tel homme, je peux me vanter, mais pour moi-même, je ne me vanterai que de mes faiblesses. En fait, si je voulais me vanter, ce ne serait pas folie, car je ne dirais que la vérité. Mais j'évite de le faire, pour qu'on n'ait pas de moi une idée plus favorable qu'en me voyant ou en m'écoutant. Et ces révélations dont il s'agit sont tellement extraordinaires que, pour m'empêcher de me surestimer, j'ai reçu dans ma chair une écharde, un envoyé de Satan qui est là pour me gifler, pour empêcher que je me surestime. Par trois fois, j'ai prié le Seigneur de l'écarter de moi. Mais il m'a déclaré : « Ma grâce te suffit, car ma puissance donne toute sa mesure dans la faiblesse. » C'est donc très volontiers que je mettrai plutôt ma fierté dans mes faiblesses, afin que la puissance du Christ fasse en moi sa demeure. C'est pourquoi j'accepte de grand cœur pour le Christ les faiblesses, les insultes, les contraintes, les persécutions et les situations angoissantes. Car, lorsque je suis faible, c'est alors que je suis fort.
– Parole du Seigneur.

Psaume 33 (34)

℟ *Goûtez et voyez comme est bon le Seigneur !*

L'ange du Seigneur campe alentour
pour libérer ceux qui le craignent.
Goûtez et voyez : le Seigneur est bon !
Heureux qui trouve en lui son refuge ! ℟

Saints du Seigneur, adorez-le :
rien ne manque à ceux qui le craignent.
Des riches ont tout perdu, ils ont faim ;
qui cherche le Seigneur ne manquera
    d'aucun bien. ℟

SAMEDI 19 JUIN 2021

Venez, mes f**i**ls, écoutez-moi,
que je vous enseigne la cr**a**inte du Seigneur.
Qui donc **a**ime la vie
et désire les jours où il verr**a** le bonheur ? ℟

Acclamation de l'Évangile
Alléluia. Alléluia. Jésus Christ s'est fait pauvre, lui qui était riche, pour que vous deveniez riches par sa pauvreté. ***Alléluia.***

Évangile de Jésus Christ
selon saint Matthieu (6, 24-34)

« Ne vous faites pas de souci pour demain »

En ce temps-là, Jésus disait à ses disciples : « Nul ne peut servir deux maîtres : ou bien il haïra l'un et aimera l'autre, ou bien il s'attachera à l'un et méprisera l'autre. Vous ne pouvez pas servir à la fois Dieu et l'Argent.

« C'est pourquoi je vous dis : Ne vous souciez pas, pour votre vie, de ce que vous mangerez, ni, pour votre corps, de quoi vous le vêtirez. La vie ne vaut-elle pas plus que la nourriture, et le corps plus que les vêtements ? Regardez les oiseaux du ciel : ils ne font ni semailles ni moisson, ils n'amassent pas dans des greniers, et votre Père céleste les nourrit. Vous-mêmes, ne valez-vous pas beaucoup plus qu'eux ? Qui d'entre vous, en se faisant du souci, peut ajouter une coudée à la longueur de sa vie ? Et au sujet des vêtements, pourquoi se faire tant de souci ? Observez comment poussent les lis des champs : ils

SAMEDI 19 JUIN 2021

ne travaillent pas, ils ne filent pas. Or je vous dis que Salomon lui-même, dans toute sa gloire, n'était pas habillé comme l'un d'entre eux. Si Dieu donne un tel vêtement à l'herbe des champs, qui est là aujourd'hui, et qui demain sera jetée au feu, ne fera-t-il pas bien davantage pour vous, hommes de peu de foi ? Ne vous faites donc pas tant de souci ; ne dites pas : "Qu'allons-nous manger ?" ou bien : "Qu'allons-nous boire ?" ou encore : "Avec quoi nous habiller ?" Tout cela, les païens le recherchent. Mais votre Père céleste sait que vous en avez besoin. Cherchez d'abord le royaume de Dieu et sa justice, et tout cela vous sera donné par surcroît. Ne vous faites pas de souci pour demain : demain aura souci de lui-même ; à chaque jour suffit sa peine. »

Prière sur les offrandes
En célébrant avec respect tes mystères, Seigneur, nous te supplions humblement : que les dons offerts pour te glorifier servent à notre salut. Par Jésus… — **Amen.**

Antienne de la communion
De toute mon âme, Seigneur,
je rendrai grâce en proclamant
tes innombrables merveilles ;
j'exulterai, je danserai auprès de toi,
je fêterai ton nom, Dieu très-haut.
(Ps 9, 2-3)

OU
Seigneur, je le crois :
tu es le Christ,
le Fils du Dieu vivant,
celui qui vient dans le monde.

(Jn 11, 27)

SAMEDI 19 JUIN 2021

Prière après la communion
Nous t'en prions, Dieu tout-puissant, donne-nous de recueillir tous les fruits de salut dont ces mystères sont déjà la promesse et le gage. Par Jésus…
— *Amen.*

INVITATION

Demain, c'est la fête des Pères. Je peux formuler une intention pour un « père » qui me fait grandir (le mien, un autre, spirituel).

COMMENTAIRE

Dieu dans la nature Matthieu 6, 24-34

« Regardez les oiseaux du ciel. » Une mésange voletant joyeusement le matin, une *vache broutant* paisiblement l'herbe du pré, du blé en épi promesse d'une abondante récolte. Et si Jésus nous invitait à tirer de la nature des leçons de sagesse et d'insouciance ? Qui n'a le souvenir d'une promenade durant laquelle l'odeur des sentiers fleuris, la vue de berges givrées, le cri de mouettes rieuses, ont dissipé l'inquiétude ? ■

Père Thibault Van Den Driessche, assomptionniste

SAMEDI 19 JUIN 2021

Bienheureuse Vierge Marie

Couleur liturgique : blanc ou vert

Les samedis du temps ordinaire où il n'y a pas de mémoire obligatoire, on peut faire mémoire de la Vierge Marie, selon une tradition qui honore la foi et l'espérance sans défaut de Marie le Samedi saint.

Antienne d'ouverture
Bienheureuse es-tu, Vierge Marie : tu as porté le Créateur de l'univers, tu as mis au monde celui qui t'a faite, et tu demeures toujours vierge.

Prière
Dieu plein de bonté, viens au secours de notre faiblesse : puisque nous faisons mémoire de la Vierge Marie, que son intercession nous aide à nous relever de nos fautes. Par Jésus Christ… — **Amen.**
OU
Que vienne à notre aide, Seigneur, la prière maternelle de la bienheureuse Vierge Marie : qu'elle nous obtienne la joie de vivre dans ta paix, délivrés de tous les périls. Par Jésus Christ… — **Amen.**

Prière sur les offrandes
En rendant hommage à la Mère de ton Fils, Seigneur, nous te supplions : que le sacrifice de cette eucharistie fasse de nous, dans ta bonté, une éternelle offrande à ta gloire. Par Jésus… — **Amen.**
Préface de la Vierge Marie, p. 227.

Antienne de la communion
« Le Puissant fit pour moi des merveilles ; Saint est son nom. » (Lc 1, 49)

Prière après la communion
Après avoir participé au sacrement qui nous libère, nous te prions, Seigneur : puisque nous célébrons la Mère de ton Fils, fais que nous soyons comblés de ta grâce et que nous éprouvions toujours davantage les effets de la Rédemption. Par Jésus… — **Amen.**

DIMANCHE 20 JUIN 2021
12ᴇ DIMANCHE DU TEMPS ORDINAIRE
ANNÉE B COULEUR LITURGIQUE : VERT

« Qui est-il donc, celui-ci, pour que même le vent et la mer lui obéissent ? »
Marc 4, 41

Le monde est traversé par des vents violents : crises sanitaires, économiques ou politiques, guerres entre nations, dans les familles ou dans les cœurs, doutes et désespoir. Même s'il semble parfois endormi, le Christ ne nous abandonne pas. Son amour nous permet de surmonter les cyclones de l'existence. « N'avez-vous pas encore la foi ? », nous demande-t-il. Quelle sera notre réponse ?

DIMANCHE 20 JUIN 2021

OUVERTURE DE LA CÉLÉBRATION

Chant d'entrée (Suggestions p. 247)
OU
Antienne d'ouverture
Le Seigneur est la force de son peuple,
le protecteur et le sauveur de ses fidèles. Sauve-nous, Seigneur,
veille sur nous, conduis-nous toujours. (Ps 27, 8-9)

Suggestion de préparation pénitentielle (ou p. 220)
Au milieu des tempêtes qui se déchaînent en nos vies, notre Dieu nous rejoint et nous console. Tournons-nous vers lui et reconnaissons que nous sommes pécheurs.

Seigneur Jésus, toi qui tires les hommes de la détresse, tu réduis au silence les bourrasques de la violence et les vagues du désespoir, accorde-nous ton pardon.
— *Nous avons péché contre toi.*
Toi qui conduis au port de l'amour les hommes et les femmes égarés, toi qui pardonnes les cœurs en proie aux tourmentes de la haine, de l'orgueil, de la jalousie, montre-nous ta miséricorde.
— *Et nous serons sauvés.*

Que Dieu tout-puissant nous fasse miséricorde ; qu'il nous pardonne nos péchés et nous conduise à la vie éternelle.
— *Amen.*

DIMANCHE 20 JUIN 2021

Gloire à Dieu (p. 221)

Prière
Fais-nous vivre à tout moment, Seigneur, dans l'amour et le respect de ton saint nom, toi qui ne cesses jamais de guider ceux que tu enracines solidement dans ton amour. Par Jésus Christ… — ***Amen.***

LITURGIE DE LA PAROLE

Lecture du livre de Job (38, 1. 8-11)

« Ici s'arrêtera l'orgueil de tes flots ! »

Le Seigneur s'adressa à Job du milieu de la tempête et dit : « Qui donc a retenu la mer avec des portes, quand elle jaillit du sein primordial ; quand je lui mis pour vêtement la nuée, en guise de langes le nuage sombre ; quand je lui imposai ma limite, et que je disposai verrou et portes ? Et je dis : "Tu viendras jusqu'ici ! tu n'iras pas plus loin, ici s'arrêtera l'orgueil de tes flots !" »
– Parole du Seigneur.

Psaume 106 (107)
℟ **Rendez grâce au Seigneur : Il est bon !**
Éternel est son amour !
OU ***Alléluia !***

DIMANCHE 20 JUIN 2021

T. : AELF ; M. : G. Previdi ; ADF.

Qu'ils rendent grâce au Seigneur de son amour,
qu'ils offrent des sacrifices d'action de grâce,
ceux qui ont vu les œuvres du Seigneur
et ses merveilles parmi les océans. ℟

Il parle, et provoque la tempête,
un vent qui soulève les vagues :
portés jusqu'au ciel, retombant aux abîmes,
leur sagesse était engloutie. ℟

Dans leur angoisse, ils ont crié vers le Seigneur,
et lui les a tirés de la détresse,
réduisant la tempête au silence,
faisant taire les vagues. ℟

Retrouvez
ce psaume sur le CD
"Les psaumes
de l'année B"

DIMANCHE 20 JUIN 2021

℟ **Rendez grâce au Seigneur : Il est bon !**
Éternel est son amour !
OU **Alléluia !**

Ils se réjouissent de les voir s'apaiser,
d'être conduits au port qu'ils désiraient.
Qu'ils rendent grâce au Seigneur de son amour,
de ses merveilles pour les hommes. ℟

Lecture de la deuxième lettre de saint Paul apôtre
aux Corinthiens (5, 14-17)

« Un monde nouveau est déjà né »

Frères, l'amour du Christ nous saisit quand nous pensons qu'un seul est mort pour tous, et qu'ainsi tous ont passé par la mort. Car le Christ est mort pour tous, afin que les vivants n'aient plus leur vie centrée sur eux-mêmes, mais sur lui, qui est mort et ressuscité pour eux. Désormais nous ne regardons plus personne d'une manière simplement humaine : si nous avons connu le Christ de cette manière, maintenant nous ne le connaissons plus ainsi. Si *donc* quelqu'un est dans le Christ, il est une créature nouvelle. Le monde ancien s'en est allé, un monde nouveau est déjà né.
– Parole du Seigneur.

DIMANCHE 20 JUIN 2021

Acclamation de l'Évangile
Alléluia. Alléluia. Un grand prophète s'est levé parmi nous, et Dieu a visité son peuple. ***Alléluia.***

M. : P. Robert.

Évangile de Jésus Christ selon saint Marc (4, 35-41)
« Qui est-il donc, celui-ci, pour que même le vent et la mer lui obéissent ? »

Toute la journée, Jésus avait parlé à la foule. Le soir venu, Jésus dit à ses disciples : « Passons sur l'autre rive. » Quittant la foule, ils emmenèrent Jésus, comme il était, dans la barque, et d'autres barques l'accompagnaient. Survient une violente tempête. Les vagues se jetaient sur la barque, si bien que déjà elle se remplissait. Lui dormait sur le coussin à l'arrière. Les disciples le réveillent et lui disent : « Maître, nous sommes perdus ; cela ne te fait rien ? » Réveillé, il menaça le vent et dit à la mer : « Silence, tais-toi ! » Le vent tomba, et il se fit un grand calme. Jésus leur dit : « Pourquoi

DIMANCHE 20 JUIN 2021

êtes-vous si craintifs ? N'avez-vous pas encore la foi ? » Saisis d'une grande crainte, ils se disaient entre eux : « Qui est-il donc, celui-ci, pour que même le vent et la mer lui obéissent ? »

Homélie

Profession de foi (p. 222)

Suggestion de prière universelle

Le prêtre :
Le Christ a autorité sur les vents et la mer. Confions-lui notre monde, en proie à de continuelles tempêtes.
℟ **Pleins de confiance, nous te prions, Seigneur.**

Z 129-20

Le diacre ou un lecteur :
Scandales, abus, injustices, autant d'orages que doit affronter l'Église. Prions pour le pape, pour les évêques, qu'ils soient guidés dans les difficiles décisions qui leur reviennent. Ensemble, prions le Christ, le pacificateur. ℟

DIMANCHE 20 JUIN 2021

Crises, inégalités, conflits, autant de tornades auxquelles doivent répondre les décisions politiques. Prions pour nos gouvernants, qu'ils soient éclairés dans les mesures qui leur incombent. Ensemble, prions le Christ, le précieux conseiller. ℟

Pauvreté matérielle ou morale, maladies, autant de tempêtes qui sévissent en tous lieux. Prions pour ceux qui souffrent comme Job, qu'ils puisent en Jésus énergie et vaillance. Ensemble, prions le Christ, le victorieux. ℟

Malentendus, incompréhensions, autant de bourrasques qui touchent les jeunes en route vers le mariage. Prions notre assemblée, qu'elle les soutienne dans leur préparation au « oui » pour la vie. Ensemble, prions le Christ, généreux et fidèle. ℟

(Ces intentions seront adaptées ou modifiées selon les circonstances.)

Le prêtre :
Seigneur Jésus, toi le victorieux de tous les cyclones, viens en aide à ceux qui te supplient avec foi. Toi qui règnes pour les siècles des siècles. — **Amen.**

LITURGIE EUCHARISTIQUE

Prière sur les offrandes
Accepte, Seigneur, le sacrifice de louange et de pardon, afin que nos cœurs, purifiés par sa puissance, t'offrent un amour qui réponde à ton amour. Par Jésus… — **Amen.**

DIMANCHE 20 JUIN 2021

Prière eucharistique *(Préfaces des dimanches, p. 226)*

Chant de communion *(Suggestions p. 247)*
OU
Antienne de la communion
Tous ont les yeux sur toi, Seigneur, ils espèrent,
et tu donnes à chacun sa nourriture.
(Ps 144, 15)
OU
Le Seigneur nous dit : « Je suis le Bon Pasteur,
et je donne ma vie pour mes brebis. »
(Jn 10, 11. 15)

Prière après la communion
Renouvelés par le corps et le sang de ton Fils, nous implorons ta bonté, Seigneur : fais qu'à jamais rachetés, nous possédions dans ton Royaume ce que nous célébrons en chaque eucharistie. Par Jésus…
— **Amen.**

CONCLUSION DE LA CÉLÉBRATION

Bénédiction

Envoi

DIMANCHE 20 JUIN 2021

COMMENTAIRE DU DIMANCHE
Père Jean-Paul Sagadou, assomptionniste, rédacteur en chef de *Prions en Église* Afrique

La foi dans l'épreuve

Il arrive bien souvent que la parole de Dieu nous renvoie à une réalité toute simple de la vie, à savoir qu'aucune vie humaine n'est à l'abri des tempêtes. C'est le cas, dans les textes d'aujourd'hui, de Job et des disciples. Homme riche, pieux et juste, tout allait bien pour Job. Soudain tombe sur lui une tempête de malheurs qui le font sombrer dans la pauvreté, la misère et la souffrance. Broyé par la douleur, assailli par le doute et la révolte, il en vient à interroger Dieu. Ballotés par les vagues de la mer, les disciples, eux, laissent apparaître leurs tempêtes intérieures et se demandent pourquoi le Seigneur reste indifférent à leur sort. D'un côté, il y a le questionnement de Job et de l'autre la plainte des disciples. Derrière l'histoire de Job, nous apprenons que le désir de Dieu pour l'homme reste le même, malgré les tempêtes •••

DIMANCHE 20 JUIN 2021

... de la vie : le salut et non le malheur. Avec la tempête sur le lac, nous apprenons que tout disciple du Christ doit se décentrer et passer de la peur qui paralyse à la crainte respectueuse devant Jésus. Au final, il n'y a vraiment pas de quoi avoir peur, car, au sommeil de Jésus succède son réveil, comme plus tard à sa mort succédera sa résurrection, sa victoire sur le mal et sur la mort. Retenons que devant les épreuves et les menaces qui nous désorientent, nous pouvons garder la confiance et la foi. Prenons surtout conscience de nos limites. Ne gardons pas notre esprit centré sur nous-mêmes, mais sur le Christ. Il est mort et ressuscité pour nous.

Quelles sont mes peurs et mes craintes du moment ?
À quels genres de tempêtes suis-je confronté ?

Suis-je disposé, chaque jour, à accueillir les silences de Dieu, dans la foi et dans l'espérance ? ■

DIMANCHE 20 JUIN 2021

LIRE L'ÉVANGILE AVEC LES ENFANTS

CE QUE JE DÉCOUVRE

Jésus n'arrête pas de se déplacer.
Il passe d'une rive à l'autre du lac de Galilée.
Les foules le suivent, elles l'écoutent.
Tout le monde l'écoute. La tempête sur le lac
permet de voir que les disciples ont peur.
Peut-être même n'ont-ils pas compris
que Jésus était toujours là, avec eux, prêt à les
aider et à les soutenir. Ils manquent un peu de foi.
Aujourd'hui, même quand le monde est secoué
par la tempête d'une épidémie,
je continue à faire confiance à Dieu.

CE QUE JE VIS

As-tu déjà ressenti « une grande crainte » ?
Avec qui peux-tu partager tes peurs, tes joies, tes espérances ?

**Dimanche, pendant la messe, écoute bien cette petite prière :
« Mais dis seulement une parole et je serai guéri ! »**
Tu peux la redire de temps en temps.

DIMANCHE 20 JUIN 2021

MÉDITATION BIBLIQUE
12ᵉ DIMANCHE DU TEMPS ORDINAIRE
Job 38, 1. 8-11 ; Marc 4, 35-41

Dieu de la limite

Au cœur de la tempête, se relier à Dieu comme un mystère reste un soutien et une force.

Le temps de la préparation

« Réveillé, il menaça le vent et dit à la mer : "Silence, tais-toi !" Le vent tomba, et il se fit un grand calme. » (Mc 4, 39)

Le temps de l'observation

Quel soulagement ! Le Seigneur s'adresse à Job au milieu de la tempête pour rappeler qu'il est le Dieu de la limite. Créateur du monde, il est capable d'arrêter les éléments, de les mettre en ordre, de stopper la toute puissance. Dieu garantit ainsi que ce monde ne lui échappe pas, que la nature n'est pas hors de contrôle. Dieu règne sur la mer et le ciel et ce rappel est bienvenu quand les éléments se déchaînent. Mais, au sein de ce discours sur le monde, un autre est à l'œuvre. Si Dieu est garant du monde, il est garant du sens. Et ce rappel ne peut que résonner aux oreilles de Job. Au cœur du tourment qui est le sien, dans un sens qui est fragilisé à chaque nouvelle difficulté, pris dans toutes les pertes qui sont les siennes, Job peut s'appuyer sur ce Dieu qui a la limite en mains. Cette limite protège de la confusion, du chaos, de l'absurde. Si Dieu peut dire stop, l'épreuve peut encore avoir du sens.

Le temps de la méditation

Ce Dieu qui met des limites, nous pose souvent problème. Nous lui reprochons alors notre manque de liberté, nous l'accusons de se servir de cette limite contre nous ou au contraire de ne pas l'utiliser quand nous le souhaiterions. Alternativement, nous reprochons à Dieu son manque de puissance ou sa toute-puissance. Comment sortir de ces impasses ? Une clé se trouve peut-être dans l'attitude de Jésus au cœur de la tempête. « Pourquoi êtes-vous si craintifs ? N'avez-vous pas encore la foi ? » Que le Seigneur de la Bible soit le Dieu de la limite permet à l'être humain de lui faire confiance. C'est cette confiance qui fait dormir Jésus dans la barque. C'est elle qui donne au croyant qui la vit de recevoir sa vie de Dieu. Concevoir le Seigneur comme le Dieu de la limite, ce n'est pas en supprimer le mystère. C'est se donner la possibilité de comprendre que si la tempête voile le sens, elle ne le détruit pas.

Le temps de la prière

« Jésus leur dit : "Pourquoi êtes-vous si craintifs ? N'avez-vous pas encore la foi ?" » (Mc 4, 40) ■

Marie-Laure Durand,
bibliste

DIMANCHE 20 JUIN 2021

PARTAGE BIBLIQUE

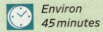 *Environ 45 minutes*   *Une Bible ou* Prions en Église, *page 140*

DIEU EST AU CŒUR DE LA CRÉATION (Job 38, 1.8-11)

Lire
Nous méditons ce passage et pouvons également lire tout le chapitre 38 du livre de Job.

Comprendre le texte

Job, accablé par le malheur et d'intenses souffrances, espérait une réponse de Dieu aux reproches qu'il lui faisait. Or il répond. Ou plutôt le Seigneur répond. Le livre de Job ne parlait pas *du Seigneur*, le Dieu d'Israël, mais seulement de Dieu ou du Puissant. Celui qui répond à Job est le Dieu de l'histoire de son peuple, pas un Dieu lointain et inaccessible. Son intervention est donc un événement avant toute parole. Et il s'adresse à lui sans intermédiaire, comme il le fit pour Abraham, Moïse et les prophètes. Le Seigneur pose à Job une série de questions qui ont trait aux merveilles de la Création : « Qui donc a retenu la

DIMANCHE 20 JUIN 2021

mer avec des portes ? » Elles n'ont pas pour but de conduire Job à s'émerveiller ou à reconnaître la puissance du Seigneur, mais à l'amener à prendre conscience de ses limites : il est né après le monde, il n'a fait que recevoir l'univers. C'est Dieu qui est aux commandes des forces de l'univers et qui en impose les limites. Job reconnaîtra humblement qu'il ne fait pas le poids.

Partager

- Que représentent pour moi la puissance et la grandeur de Dieu ?
- Que m'inspirent la beauté mais aussi la fragilité de la nature ?
- Quels sont les reproches que j'adresse à Dieu et quelles sont les réponses que j'attends de sa part ?
- Face aux incertitudes du temps présent, que devient ma confiance en Dieu ?

Prier

Nous prenons le *Psaume de la Création* (« Par les cieux devant toi ») (Y 556). ∎

Père Sylvain Gasser,
assomptionniste

LUNDI 21 JUIN 2021

12ᴱ SEMAINE DU TEMPS ORDINAIRE COULEUR LITURGIQUE : BLANC

Saint Louis de Gonzague

1568-1591. Issu d'une illustre famille de Mantoue, il renonça à ses droits pour entrer chez les Jésuites. Il mourut, à 23 ans, après s'être dévoué aux pestiférés de Rome.

Antienne d'ouverture
L'homme au cœur pur, aux mains innocentes, celui-là peut gravir la montagne du Seigneur et demeurer dans son lieu saint. (cf. Ps 23, 4. 3)

Prière
Seigneur, dispensateur des dons spirituels, tu as réuni dans le jeune Louis de Gonzague la pratique de la pénitence et une admirable pureté de vie ; si nous n'avons pas la même innocence, accorde-nous, à sa prière et par ses mérites, d'imiter son renoncement. Par Jésus Christ… — ***Amen.***

Lecture
du livre de la Genèse (12, 1-9)

« *Abram s'en alla, comme le Seigneur le lui avait dit* »

En ces jours-là, le Seigneur dit à Abram qui vivait alors en Chaldée : « Quitte ton pays, ta parenté et la maison de ton père, et va vers le pays que je te montrerai. Je ferai de toi une grande nation, je te bénirai, je rendrai grand ton nom, et tu deviendras une bénédiction. Je bénirai ceux qui te béniront ; celui qui te maudira, je le réprouverai. En toi seront bénies toutes les familles de la terre. » Abram s'en alla, comme le Seigneur le lui avait dit, et Loth s'en alla avec lui. Abram avait 75 ans

LUNDI 21 JUIN 2021

lorsqu'il sortit de Harane. Il prit sa femme Saraï, son neveu Loth, tous les biens qu'ils avaient acquis, et les personnes dont ils s'étaient entourés à Harane ; ils se mirent en route pour Canaan et ils arrivèrent dans ce pays. Abram traversa le pays jusqu'au lieu nommé Sichem, au Chêne de Moré. Les Cananéens étaient alors dans le pays. Le Seigneur apparut à Abram et dit : « À ta descendance je donnerai ce pays. » Et là, Abram bâtit un autel au Seigneur qui lui était apparu. De là, il se rendit dans la montagne, à l'est de Béthel, et il planta sa tente, ayant Béthel à l'ouest, et Aï à l'est. Là, il bâtit un autel au Seigneur et il invoqua le nom du Seigneur. Puis, de campement en campement, Abram s'en alla vers le Néguev. – Parole du Seigneur.

Psaume 32 (33)

℟ *Heureux le peuple que le Seigneur s'est choisi pour domaine.*

Heureux le peuple dont le Seigneur
   est le Dieu,
heureuse la nation qu'il s'est choisie
   pour domaine !
Du haut des cieux, le Seigneur regarde :
il voit la race des hommes. ℟

Dieu veille sur ceux qui le craignent,
qui mettent leur espoir en son amour,

pour les délivrer de la mort,
les garder en vie aux jours de famine. ℟

Nous attendons notre vie du Seigneur :
il est pour nous un appui, un bouclier.
Que ton amour, Seigneur, soit sur nous
comme notre espoir est en toi ! ℟

20 - 26

LUNDI 21 JUIN 2021

Acclamation de l'Évangile
Alléluia. Alléluia. Elle est vivante, efficace, la parole de Dieu ; elle juge des intentions et des pensées du cœur. **Alléluia.**

Évangile de Jésus Christ
selon saint Matthieu (7, 1-5)

En ce temps-là, Jésus disait à ses disciples : « Ne jugez pas, pour ne pas être jugés ; de la manière dont vous jugez, vous serez jugés ; de la mesure dont vous mesurez, on vous mesurera. Quoi ! tu regardes la paille dans l'œil de ton frère ; et la poutre qui est dans ton œil, tu ne la remarques pas ? Ou encore : Comment vas-tu dire à ton frère : "Laisse-moi enlever la paille de ton œil", alors qu'il y a une poutre dans ton œil à toi ? Hypocrite ! Enlève d'abord la poutre de ton œil ; alors tu verras clair pour enlever la paille qui est dans l'œil de ton frère. »

« Enlève d'abord la poutre de ton œil »

Prière sur les offrandes
Fais que nous prenions place à ton banquet, Seigneur, comme saint Louis de Gonzague, avec le vêtement des noces, afin que cette eucharistie nous enrichisse de ta grâce. Par Jésus…
— **Amen.**

LUNDI 21 JUIN 2021

Antienne de la communion
Le Seigneur donne à son peuple
le froment du ciel ;
il le nourrit du Pain des forts.
(Ps 77, 24-25)

Prière après la communion
Après nous avoir nourris du pain des anges, Seigneur, donne-nous de te servir en menant une vie pure ; à l'exemple de saint Louis que nous fêtons aujourd'hui, puissions-nous rester toujours dans l'action de grâce. Par Jésus… — **Amen.**

INVITATION

J'ai aujourd'hui une pensée pour les artistes, les musiciens, les chanteurs, les poètes… qui, malgré la dureté du monde, continuent de nous enchanter.

COMMENTAIRE

Une promesse qui arrache Genèse 12, 1-9

La foi d'Abram commence par un appel : « Quitte ton pays, ta parenté et la maison de ton père. » Mise en acte, cette parole devient un arrachement. La foi nous arrache à nos sécurités sédentaires pour faire de nous des migrants. Mais si ce déracinement est possible, c'est parce qu'il repose sur une promesse : « Va vers le pays que je te montrerai [...] je te bénirai. » Le Seigneur comble ceux dont l'unique horizon est sa parole. ■

Père Nicolas Tarralle, assomptionniste

MARDI 22 JUIN 2021

12ᵉ SEMAINE DU TEMPS ORDINAIRE COULEUR LITURGIQUE : VERT

Temps ordinaire, *suggestion d'oraisons et d'antiennes n°8*
ou saint Jean Fisher et saint Thomas More
ou saint Paulin de Nole

Antienne d'ouverture
**Le Seigneur est mon appui :
il m'a dégagé, m'a donné du large,
il m'a libéré, car il m'aime.**
(Ps 17, 19-20)

Prière
Fais que les événements du monde, Seigneur, se déroulent dans la paix, selon ton dessein, et que ton peuple connaisse la joie de te servir sans inquiétude. Par Jésus Christ… — *Amen.*

Lecture
du livre de la Genèse (13, 2. 5-18)

« Qu'il n'y ait pas de querelle entre toi et moi, car nous sommes frères ! »

Abram était extrêmement riche en troupeaux, en argent et en or. Loth, qui accompagnait Abram, avait également du petit et du gros bétail, et son propre campement. Le pays ne leur permettait pas d'habiter ensemble, car leurs biens étaient trop considérables pour qu'ils puissent habiter ensemble. Il y eut des disputes entre les bergers d'Abram et ceux de

Loth. Les Cananéens et les Perizzites habitaient aussi le pays. Abram dit à Loth : « Surtout, qu'il n'y ait pas de querelle entre toi et moi, entre tes bergers et les miens, car nous sommes frères ! N'as-tu pas tout le pays devant toi ? Sépare-toi donc de moi. Si tu vas à gauche, j'irai à droite, et si tu vas à droite, j'irai à gauche. » Loth leva les yeux et il vit que toute la région du Jourdain était bien irriguée. Avant que le Seigneur détruisît Sodome et Gomorrhe, elle était comme le jardin du Seigneur, comme le pays d'Égypte, quand on arrive au delta du Nil. Loth choisit pour lui toute la région du Jourdain et il partit vers l'est. C'est ainsi qu'ils se séparèrent. Abram habita dans le pays de Canaan, et Loth habita dans les villes de la région du Jourdain ; il poussa ses campements jusqu'à Sodome. Les gens de Sodome se conduisaient mal, et ils péchaient gravement contre le Seigneur.

Après le départ de Loth, le Seigneur dit à Abram : « Lève les yeux et regarde, de l'endroit où tu es, vers le nord et le midi, vers l'orient et l'occident. Tout le pays que tu vois, je te le donnerai, à toi et à ta descendance, pour toujours. Je rendrai nombreuse ta descendance, autant que la poussière de la terre : si l'on pouvait compter les grains de poussière, on pourrait compter tes descendants ! Lève-toi ! Parcours le pays en long et en large : c'est à toi que je vais le donner. » Abram déplaça son campement et alla s'établir aux chênes de Mambré, près d'Hébron ; et là, il bâtit un autel au Seigneur.

– Parole du Seigneur.

MARDI 22 JUIN 2021

Psaume 14 (15)

℟ *Seigneur, qui séjournera sous ta tente ?*

Celui qui se conduit parfaitement,
qui agit avec justice
et dit la vérité selon son cœur.
Il met un frein à sa langue. ℟

Il ne fait pas de tort à son frère
et n'outrage pas son prochain.

À ses yeux, le réprouvé est méprisable
mais il honore les fidèles du Seigneur. ℟

Il ne reprend pas sa parole.
Il prête son argent sans intérêt,
n'accepte rien qui nuise à l'innocent.
Qui fait ainsi demeure inébranlable. ℟

Acclamation de l'Évangile

Alléluia. Alléluia. Moi, je suis la lumière du monde, dit le Seigneur. Celui qui me suit aura la lumière de la vie. ***Alléluia.***

Évangile de Jésus Christ
selon saint Matthieu (7, 6. 12-14)

« Tout ce que vous voudriez que les autres fassent pour vous, faites-le pour eux »

En ce temps-là, Jésus disait à ses disciples : « Ne donnez pas aux chiens ce qui est sacré ; ne jetez pas vos perles aux pourceaux, de peur qu'ils ne les piétinent, puis se retournent pour vous déchirer.

« Tout ce que vous voudriez que les autres fassent pour vous, faites-le pour eux, vous aussi : voilà ce que disent la Loi et les Prophètes.

« Entrez par la porte étroite*. Elle est grande, la porte, il est large, le chemin

MARDI 22 JUIN 2021

qui conduit à la perdition ; et ils sont nombreux, ceux qui s'y engagent. Mais elle est étroite, la porte, il est resserré, le chemin qui conduit à la vie ; et ils sont peu nombreux, ceux qui le trouvent. »

Prière sur les offrandes
C'est toi qui nous donnes, Seigneur, ce que nous t'offrons, pourtant tu vois dans notre offrande un geste d'amour ; aussi te prions-nous avec confiance : puisque tes propres dons sont notre seule valeur, qu'ils fructifient pour nous en bonheur éternel. Par Jésus… — *Amen.*

Antienne de la communion
Je veux chanter au Seigneur tout le bien qu'il m'a fait ; je veux fêter ton nom, Dieu très-haut. (Ps 12, 6)
OU
« Je suis avec vous tous les jours, dit le Seigneur Jésus, jusqu'à la fin des temps. » (Mt 28, 20)

Prière après la communion
Tu nous as nourris, Seigneur, dans cette communion au mystère du salut ; et nous t'adressons encore une prière : par le sacrement qui est notre force aujourd'hui, fais-nous vivre avec toi pour l'éternité. Par Jésus…
— *Amen.*

INVITATION
Ce que je voudrais que l'on fasse pour moi, aujourd'hui, je l'offre à ceux qui m'entourent : une visite, une fleur, un service rendu, une parole d'encouragement…

MARDI 22 JUIN 2021

COMMENTAIRE

Promesse d'avenir — Genèse 13, 2. 5-18

Abram rejoint assez vite la Terre promise, mais Canaan est habité. Il ne suffit pas au migrant de trouver un pays, encore faut-il y vivre en bonne harmonie. La confiance qui a suscité le voyage, justement, ouvre le chemin pour y habiter. En assurant à Abram une descendance aussi nombreuse que les grains de poussières de la terre, le Seigneur promet de le combler dans le temps. Cette promesse est un cadeau d'avenir. ■

Père Nicolas Tarralle, assomptionniste

✣ CLÉ DE LECTURE

« La porte étroite » — Matthieu 7, 13 *(p. 160)*

L'image est belle, elle a pu paraître exaltante mais elle a aussi soutenu l'idée insupportable d'un salut réservé à une élite et d'une « masse vouée à la perdition ». C'est mal la comprendre. Jésus reprend le thème juif des deux voies, qui vient du livre du Deutéronome. Le ton est celui d'un appel prophétique à la conversion : « Voici que je mets devant toi la vie et le bonheur, la mort et le malheur. Tu choisiras la vie ! » *(cf. Dt 30, 15. 19)*. Mais Matthieu la charge : les chrétiens savent que Jésus est passé par une mort affreuse. Certes, ceux qui le suivent n'y sont pas voués mais ils doivent se préparer à traverser les rejets et les refus, car ils vivent de son Esprit qui s'oppose à bien des idoles humaines : « Heureux ceux qui sont persécutés pour la justice ! » ■

Roselyne Dupont-Roc, bibliste

MERCREDI 23 JUIN 2021

12ᴱ SEMAINE DU TEMPS ORDINAIRE COULEUR LITURGIQUE : VERT

Temps ordinaire, *suggestion d'oraisons et d'antiennes n° 9*

Antienne d'ouverture
Regarde-moi, Seigneur, et prends pitié de moi, car je suis seul et misérable ; vois ma misère et ma peine, enlève tous mes péchés. (Ps 24, 16. 18)

Prière
Seigneur notre Père, nous en appelons à ta providence qui jamais ne se trompe en ses desseins : tout ce qui fait du mal, écarte-le, et donne-nous ce qui peut nous aider. Par Jésus Christ… — ***Amen.***

Lecture
du livre de la Genèse (15, 1-12. 17-18)

« Abram eut foi dans le Seigneur et le Seigneur estima qu'il était juste. Le Seigneur conclut une alliance avec lui »

20 - 26

En ces jours-là, la parole du Seigneur fut adressée à Abram dans une vision : « Ne crains pas, Abram ! Je suis un bouclier pour toi. Ta récompense sera très grande. » Abram répondit : « Mon Seigneur Dieu, que pourrais-tu donc me donner ? Je m'en vais sans enfant, et l'héritier de ma maison, c'est Élièzer de Damas. » Abram dit encore : « Tu ne m'as pas donné de descendance, et c'est un de mes serviteurs qui sera mon héritier. » Alors cette parole du Seigneur fut adressée à Abram : « Ce n'est pas lui qui sera

MERCREDI 23 JUIN 2021

ton héritier, mais quelqu'un de ton sang. » Puis il le fit sortir et lui dit : « Regarde le ciel, et compte les étoiles, si tu le peux… » Et il déclara : « Telle sera ta descendance ! » Abram eut foi dans le Seigneur et le Seigneur estima qu'il était juste. Puis il dit : « Je suis le Seigneur, qui t'ai fait sortir d'Our en Chaldée pour te donner ce pays en héritage. » Abram répondit : « Seigneur mon Dieu, comment vais-je savoir* que je l'ai en héritage ? » Le Seigneur lui dit : « Prends-moi une génisse de trois ans, une chèvre de trois ans, un bélier de trois ans, une tourterelle et une jeune colombe. » Abram prit tous ces animaux, les partagea en deux, et plaça chaque moitié en face de l'autre ; mais il ne partagea pas les oiseaux. Comme les rapaces descendaient sur les cadavres, Abram les chassa. Au coucher du soleil, un sommeil mystérieux tomba sur Abram, une sombre et profonde frayeur tomba sur lui. Après le coucher du soleil, il y eut des ténèbres épaisses. Alors un brasier fumant et une torche enflammée passèrent entre les morceaux d'animaux. Ce jour-là, le Seigneur conclut une alliance avec Abram en ces termes : « À ta descendance je donne le pays que voici, depuis le Torrent d'Égypte jusqu'au Grand Fleuve, l'Euphrate. »

– Parole du Seigneur.

Psaume 104 (105)

℟ *Le Seigneur s'est toujours souvenu de son alliance.*
OU *Alléluia !*

Rendez grâce au Seigneur, proclamez son nom,
annoncez parmi les peuples ses hauts faits ;

chantez et jouez pour lui,
redites sans fin ses merveilles. ℟

MERCREDI 23 JUIN 2021

Glorifiez-vous de son nom très saint :
joie pour les cœurs qui cherchent Dieu !
Cherchez le Seigneur et sa puissance,
recherchez sans trêve sa face. ℞

Vous, la race d'Abraham son serviteur,
les fils de Jacob, qu'il a choisis.

Le Seigneur, c'est lui notre Dieu :
ses jugements font loi pour l'univers. ℞

Il s'est toujours souvenu de son alliance,
parole édictée pour mille générations :
promesse faite à Abraham,
garantie par serment à Isaac. ℞

Acclamation de l'Évangile
Alléluia. Alléluia. Demeurez en moi, comme moi en vous, dit le Seigneur ; celui qui demeure en moi porte beaucoup de fruit. **Alléluia.**

Évangile de Jésus Christ
selon saint Matthieu (7, 15-20)

« C'est à leurs fruits que vous les reconnaîtrez »

En ce temps-là, Jésus disait à ses disciples : « Méfiez-vous des faux prophètes qui viennent à vous déguisés en brebis, alors qu'au-dedans ce sont des loups voraces. C'est à leurs fruits que vous les reconnaîtrez. Va-t-on cueillir du raisin sur des épines, ou des figues sur des chardons ? C'est ainsi que tout arbre bon donne de beaux fruits, et que l'arbre qui pourrit donne des fruits mauvais. Un arbre bon ne peut pas donner des fruits mauvais, ni un arbre qui pourrit donner de beaux fruits. Tout arbre qui ne donne pas de beaux fruits est coupé et jeté au feu. Donc, c'est à leurs fruits que vous les reconnaîtrez. »

MERCREDI 23 JUIN 2021

Prière sur les offrandes
Confiants dans ton amour, Seigneur, nous venons à ton autel avec nos offrandes : puissions-nous, par un effet de ta grâce, être purifiés dans l'eucharistie que nous célébrons. Par Jésus… — **Amen.**

Antienne de la communion
« Vraiment, dit le Seigneur,
tout ce que vous demanderez dans
la prière, croyez que vous l'avez déjà
reçu, cela vous sera accordé. »
(Mc 11, 23-24)
OU
Je t'appelle, mon Dieu,
car tu peux me répondre :
écoute-moi ! Entends ce que je dis.
(Ps 16, 6)

Prière après la communion
Guide-nous, Seigneur, par ton Esprit, toi qui nous as donné le corps et le sang de ton Fils : accorde-nous de te rendre témoignage, non seulement avec des paroles, mais aussi par nos actes ; et nous pourrons entrer dans le royaume des Cieux. Par Jésus…
— **Amen.**

INVITATION

Je lis le paragraphe 53 de la lettre encyclique *Tous frères* du pape François.
Je remercie pour ce qui me relie aux autres.
Je demande pardon pour ce qui m'en éloigne.

MERCREDI 23 JUIN 2021

COMMENTAIRE

Le sceau de l'Alliance — Genèse 15, 1-12. 17-18

Le premier acte de foi d'Abram est de s'arracher à sa terre natale pour partir vers la Terre promise. Le Seigneur la lui donne en héritage avec la promesse d'une descendance innombrable. Vient alors l'acte deux : regardant le ciel et l'infini des étoiles, Abram eut foi dans le Seigneur qui estima qu'il était juste. L'Alliance est scellée. Elle donne une Terre promise à ceux qui sont engendrés dans la foi. En sommes-nous ? ■

Père Nicolas Tarralle, assomptionniste

✣ CLÉ DE LECTURE

« Comment vais-je savoir ? » — Genèse 15, 8 *(p. 164)*

Paul fait d'Abram le modèle de la foi, une confiance absolue qui fait que Dieu le reconnaît comme juste avant tout acte concret. Mais la foi n'est pas aveuglement ni refus de l'intelligence. Et Abram, comme le fera Marie, n'hésite pas à interroger Dieu : « Comment cela se fera-t-il ? » (Lc 1, 34). Comment ? Pourquoi ? La Bible retentit de questions, depuis celles de Job jusqu'au « pourquoi » de Jésus en croix. Le texte propose alors une manifestation spectaculaire de Dieu dont la dimension archaïque aide à montrer que nul ne peut le contempler face-à-face. Abram sombre dans la torpeur : signe d'une impossibilité pour l'intelligence humaine d'aller plus loin ? Il n'empêche, la question doit continuer de résonner et les hommes d'en appeler à Dieu. ■

Roselyne Dupont-Roc, bibliste

JEUDI 24 JUIN 2021

COULEUR LITURGIQUE : BLANC

Nativité de saint Jean Baptiste
L'Église célèbre dans la joie la naissance de Jean Baptiste, qui est venu pour rendre témoignage à la lumière au seuil des temps nouveaux.

Antienne d'ouverture

Il y eut un homme, envoyé par Dieu. Son nom était Jean. Il était venu comme témoin, pour rendre témoignage à la lumière, et préparer au Seigneur un peuple capable de l'accueillir.
(cf. Jn 1, 6-7 ; Lc 1, 17)

Gloire à Dieu (p. 221)

Prière

Tu as voulu, Seigneur, que saint Jean Baptiste prépare ton peuple à la venue du Messie ; accorde à ton Église le don de la joie spirituelle, et guide l'esprit de tous les croyants dans la voie du salut et de la paix. Par Jésus Christ… — ***Amen.***

Lectures propres à la solennité de la nativité de saint Jean Baptiste.

Lecture

du livre du prophète Isaïe (49, 1-6)

« Je fais de toi la lumière des nations »

Écoutez-moi, îles lointaines ! Peuples éloignés, soyez attentifs ! J'étais encore dans le sein maternel quand le Seigneur m'a appelé ; j'étais encore dans les entrailles de ma mère quand il a prononcé mon nom. Il a

JEUDI 24 JUIN 2021

fait de ma bouche une épée tranchante, il m'a protégé par l'ombre de sa main ; il a fait de moi une flèche acérée, il m'a caché dans son carquois. Il m'a dit : « Tu es mon serviteur, Israël, en toi je manifesterai ma splendeur. » Et moi, je disais : « Je me suis fatigué pour rien, c'est pour le néant, c'est en pure perte que j'ai usé mes forces. » Et pourtant, mon droit subsistait auprès du Seigneur, ma récompense, auprès de mon Dieu. Maintenant le Seigneur parle, lui qui m'a façonné dès le sein de ma mère pour que je sois son serviteur, que je lui ramène Jacob, que je lui rassemble Israël. Oui, j'ai de la valeur aux yeux du Seigneur, c'est mon Dieu qui est ma force. Et il dit : « C'est trop peu que tu sois mon serviteur pour relever les tribus de Jacob, ramener les rescapés d'Israël : je fais de toi la lumière des nations, pour que mon salut parvienne jusqu'aux extrémités de la terre. »

– Parole du Seigneur.

Psaume 138 (139)

℟ *Je te rends grâce, ô mon Dieu, pour tant de merveilles.*

Tu me scrutes, Seigneur, et tu sais !
Tu sais quand je m'assois, quand je me lève ;
de très loin, tu pénètres mes pensées,
tous mes chemins te sont familiers. ℟

C'est toi qui as créé mes reins,
qui m'as tissé dans le sein de ma mère.

Je reconnais devant toi le prodige,
l'être étonnant que je suis. ℟

Étonnantes sont tes œuvres,
toute mon âme le sait.
Mes os n'étaient pas cachés pour toi
quand j'étais façonné dans le secret. ℟

JEUDI 24 JUIN 2021

Lecture
du livre des Actes des Apôtres (13, 22-26)

« Jean le Baptiste a préparé l'avènement de Jésus »

En ces jours-là, dans la synagogue d'Antioche de Pisidie, Paul disait aux Juifs : « Dieu a, pour nos pères, suscité David comme roi, et il lui a rendu ce témoignage : *J'ai trouvé David, fils de Jessé ; c'est un homme selon mon cœur qui réalisera toutes mes volontés.* De la descendance de David, Dieu, selon la promesse, a fait sortir un sauveur pour Israël : c'est Jésus, dont Jean le Baptiste a préparé l'avènement en proclamant avant lui un baptême de conversion pour tout le peuple d'Israël. Au moment d'achever sa course, Jean disait : "Ce que vous pensez que je suis, je ne le suis pas. Mais le voici qui vient après moi, et je ne suis pas digne de retirer les sandales de ses pieds." Vous, frères, les fils de la lignée d'Abraham et ceux parmi vous qui craignent Dieu, c'est à nous que la parole du salut a été envoyée. » – Parole du Seigneur

Acclamation de l'Évangile

Alléluia. Alléluia. Toi, petit enfant, tu seras appelé prophète du Très-Haut : tu marcheras devant, en présence du Seigneur, et tu prépareras ses chemins. ***Alléluia.***

Évangile de Jésus Christ
selon saint Luc (1, 57-66. 80)

« Jean est son nom »

Quand fut accompli le temps où Élisabeth devait enfanter, elle mit au monde un fils. Ses voisins et sa famille apprirent que le Seigneur

JEUDI 24 JUIN 2021

lui avait montré la grandeur de sa miséricorde, et ils se réjouissaient avec elle. Le huitième jour, ils vinrent pour la circoncision de l'enfant. Ils voulaient l'appeler Zacharie, du nom de son père. Mais sa mère prit la parole et déclara : « Non, il s'appellera Jean. » On lui dit : « Personne dans ta famille ne porte ce nom-là ! » On demandait par signes au père comment il voulait l'appeler. Il se fit donner une tablette sur laquelle il écrivit : « Jean est son nom. » Et tout le monde en fut étonné. À l'instant même, sa bouche s'ouvrit, sa langue se délia : il parlait et il bénissait Dieu. La crainte saisit alors tous les gens du voisinage et, dans toute la région montagneuse de Judée, on racontait tous ces événements. Tous ceux qui les apprenaient les conservaient dans leur cœur et disaient : « Que sera donc cet enfant ? » En effet, la main du Seigneur était avec lui.

L'enfant grandissait et son esprit se fortifiait. Il alla vivre au désert jusqu'au jour où il se fit connaître à Israël.

Profession de foi (p. 222)

Prière sur les offrandes
Nous déposons ces offrandes sur ton autel, Seigneur, pour célébrer comme il convient la nativité de saint Jean, car il prophétisa que le Sauveur du monde viendrait, et montra qu'il était déjà parmi nous, Jésus Christ, ton Fils, notre Seigneur. Lui qui… — **Amen.**
(Préface de saint Jean Baptiste, p. 228)

JEUDI 24 JUIN 2021

Antienne de la communion
Par l'amour du cœur de notre Dieu,
le Christ, Soleil levant,
est venu nous visiter. (Lc 1, 78)

Prière après la communion
Seigneur, tu as refait nos forces à la table où l'Agneau se donne en nourriture, et nous te prions pour ton Église : elle célèbre dans la joie la naissance de Jean Baptiste ; qu'elle sache reconnaître en Jésus l'auteur de sa propre naissance. Lui qui… — **Amen.**

INVITATION

Je souhaite bonne fête aux Jean-Baptiste que je connais.
Et je peux passer un coup de fil à l'un de mes cousins.

COMMENTAIRE

Jean Baptiste, le lien Actes 13, 22-26

Jean Baptiste est à la jointure d'une ancienne promesse et d'une alliance nouvelle. *Il ouvre un chemin de conversion pour tout le peuple d'Israël et, désignant celui dont il n'est pas digne de retirer les sandales des pieds, il s'efface derrière le Christ Sauveur. Il s'expose pour disparaître. Comme Jean Baptiste et comme les apôtres, nous sommes appelés à témoigner d'une parole de salut qui nous dépasse : éternellement neuve.* ■

Père Nicolas Tarralle, assomptionniste

VENDREDI 25 JUIN 2021

12ᵉ SEMAINE DU TEMPS ORDINAIRE COULEUR LITURGIQUE : VERT

Temps ordinaire, *suggestion d'oraisons et d'antiennes nº 10*

Antienne d'ouverture
**Le Seigneur est ma lumière et mon salut, qui pourrais-je craindre ?
Le Seigneur est le rempart de ma vie, devant qui tremblerais-je ?** (Ps 26, 1-2)

Prière
Seigneur, source de tout bien, réponds sans te lasser à notre appel : inspire-nous ce qui est juste, aide-nous à l'accomplir. Par Jésus Christ… — **Amen.**

Lecture
du livre de la Genèse (17, 1. 9-10. 15-22)

« Tous vos enfants mâles seront circoncis en signe de l'alliance. Sara va t'enfanter un fils »

Lorsque Abraham eut atteint 99 ans, le Seigneur lui apparut et lui dit : « Je suis le Dieu-Puissant ; marche en ma présence et sois parfait. » Dieu dit à Abraham : « Toi, tu observeras mon alliance, toi et ta descendance après toi, de génération en génération. Et voici l'alliance qui sera observée entre moi et vous, c'est-à-dire toi et ta descendance après toi : tous vos enfants mâles seront circoncis. » Dieu dit encore à Abraham : « Saraï, ta femme, tu ne l'appelleras plus du nom de Saraï ; désormais son nom est Sara (c'est-à-dire : Princesse). Je la bénirai : d'elle aussi je te donnerai un fils ; oui, je la bénirai, elle sera à l'origine de

VENDREDI 25 JUIN 2021

nations, d'elle proviendront les rois de plusieurs peuples. » Abraham tomba face contre terre. Il se mit à rire car il se disait : « Un homme de cent ans va-t-il avoir un fils, et Sara va-t-elle enfanter à 90 ans ? » Et il dit à Dieu : « Accorde-moi seulement qu'Ismaël vive sous ton regard ! » Mais Dieu reprit : « Oui, vraiment, ta femme Sara va t'enfanter un fils, tu lui donneras le nom d'Isaac. J'établirai mon alliance avec lui, comme une alliance éternelle avec sa descendance après lui. Au sujet d'Ismaël, je t'ai bien entendu : je le bénis, je le ferai fructifier et se multiplier à l'infini ; il engendrera douze princes, et je ferai de lui une grande nation. Quant à mon alliance, c'est avec Isaac que je l'établirai, avec l'enfant que Sara va te donner l'an prochain à pareille époque. » Lorsque Dieu eut fini de parler avec Abraham, il s'éleva loin de lui.
– Parole du Seigneur.

Psaume 127 (128)

℟ *Voilà comment sera béni l'homme qui craint le Seigneur.*

Heureux qui craint le Seigneur
et marche selon ses voies !
Tu te nourriras du travail de tes mains :
Heureux es-tu ! À toi, le bonheur ! ℟

Ta femme sera dans ta maison
comme une vigne généreuse,
et tes fils, autour de la table,
comme des plants d'olivier. ℟

Voilà comment sera béni
l'homme qui craint le Seigneur.
De Sion, que le Seigneur te bénisse !
Tu verras le bonheur de Jérusalem
  tous les jours de ta vie. ℟

VENDREDI 25 JUIN 2021

Acclamation de l'Évangile
Alléluia. Alléluia. Le Christ a pris nos souffrances, il a porté nos maladies. ***Alléluia.***

Évangile de Jésus Christ
selon saint Matthieu (8, 1-4)

« Si tu le veux, tu peux me purifier »

Lorsque Jésus descendit de la montagne, des foules nombreuses le suivirent. Et voici qu'un lépreux s'approcha, se prosterna devant lui et dit : « Seigneur, si tu le veux, tu peux me purifier. » Jésus étendit la main, le toucha et lui dit : « Je le veux, sois purifié. » Et aussitôt il fut purifié de sa lèpre. Jésus lui dit : « Attention, ne dis rien à personne, mais va te montrer au prêtre. Et donne l'offrande que Moïse a prescrite : ce sera pour les gens un témoignage. »

Prière sur les offrandes
Seigneur notre Dieu, nous voulons te servir, regarde notre offrande : qu'elle soit agréable à tes yeux, et nous obtienne un accroissement de charité. Par Jésus…
— **Amen.**

Antienne de la communion
Je t'aime, Seigneur, tu es ma force,
toi, mon libérateur, le rocher
qui m'abrite, tu es mon Dieu.
(Ps 17, 3)

OU

Dieu est amour : celui qui demeure
dans l'amour demeure en Dieu,
et Dieu demeure en lui.
(1 Jn 4, 16)

VENDREDI 25 JUIN 2021

Prière après la communion
Dieu qui veux notre guérison, agis en nous par cette eucharistie : libère-nous de nos penchants mauvais, oriente notre vie vers le bien. Par Jésus…
— **Amen.**

INVITATION

Je me renseigne et je peux faire un don à une association qui aide les malades de la lèpre : l'Ordre de Malte, la Fondation Raoul Follereau…

COMMENTAIRE

Promesse, foi et alliance Genèse 17, 1. 9-10. 15-22
Promesse, foi et alliance sont inséparables pour les fils d'Abraham. La promesse d'une terre et d'une descendance suscite la foi d'Abram à laquelle le Seigneur répond en s'engageant dans une alliance. Mais il manque au patriarche un tout premier fils, né de son épouse. L'alliance rejaillit alors en promesse : Isaac va arriver. Et cette promesse se fait engagement : Dieu fera alliance avec lui. Notre foi est promesse d'alliance. ■

Père Nicolas Tarralle, assomptionniste

SAMEDI 26 JUIN 2021

12ᴱ SEMAINE DU TEMPS ORDINAIRE COULEUR LITURGIQUE : VERT

Temps ordinaire, *suggestion d'oraisons et d'antiennes nº 11*
ou *bienheureuse Vierge Marie, voir p. 137*

Antienne d'ouverture
**Écoute, Seigneur, je t'appelle.
Toi qui t'es fait mon protecteur, ne me quitte pas,
ne m'abandonne pas, Dieu, mon sauveur !** (Ps 26, 7. 9)

Prière
Dieu tout-puissant, force de ceux qui espèrent en toi, sois favorable à nos appels : puisque l'homme est fragile et que sans toi il ne peut rien, donne-nous toujours le secours de ta grâce ; ainsi nous pourrons, en observant tes commandements, vouloir et agir de manière à répondre à ton amour. Par Jésus Christ... — **Amen.**

Lecture
du livre de la Genèse (18, 1-15)

*« Y a-t-il une merveille que le Seigneur ne puisse accomplir ?
Au moment où je reviendrai chez toi, Sara aura un fils »*

En ces jours-là, aux chênes de Mambré, le Seigneur apparut à Abraham, qui était assis à l'entrée de la tente. C'était l'heure la plus chaude du jour. Abraham leva les yeux, et il vit trois hommes qui se tenaient debout près de lui. Dès qu'il les vit, il courut à leur rencontre depuis l'entrée de la tente et se prosterna jusqu'à terre. Il dit : « Mon seigneur, si j'ai pu

SAMEDI 26 JUIN 2021

trouver grâce à tes yeux, ne passe pas sans t'arrêter près de ton serviteur. Permettez que l'on vous apporte un peu d'eau, vous vous laverez les pieds, et vous vous étendrez sous cet arbre. Je vais chercher de quoi manger, et vous reprendrez des forces avant d'aller plus loin, puisque vous êtes passés près de votre serviteur ! » Ils répondirent : « Fais comme tu l'as dit. » Abraham se hâta d'aller trouver Sara dans sa tente, et il dit : « Prends vite trois grandes mesures de fleur de farine, pétris la pâte et fais des galettes. » Puis Abraham courut au troupeau, il prit un veau gras et tendre, et le donna à un serviteur, qui se hâta de le préparer. Il prit du fromage blanc, du lait, le veau que l'on avait apprêté, et les déposa devant eux ; il se tenait debout près d'eux, sous l'arbre, pendant qu'ils mangeaient. Ils lui demandèrent : « Où est Sara, ta femme ? » Il répondit : « Elle est à l'intérieur de la tente. » Le voyageur reprit : « Je reviendrai chez toi au temps fixé pour la naissance, et à ce moment-là, Sara, ta femme, aura un fils. »

Or, Sara écoutait par-derrière, à l'entrée de la tente. – Abraham et Sara étaient très avancés en âge, et Sara avait cessé d'avoir ce qui arrive aux femmes. Elle se mit à rire en elle-même ; elle se disait : « J'ai pourtant passé l'âge du plaisir, et mon seigneur est un vieillard ! » Le Seigneur Dieu dit à Abraham : « Pourquoi Sara a-t-elle ri, en disant : "Est-ce que vraiment j'aurais un enfant, vieille comme je suis?" Y a-t-il une merveille que le Seigneur ne puisse accomplir ? Au moment où je reviendrai chez toi, au temps fixé pour la naissance, Sara aura un fils. » Sara mentit en disant : « Je n'ai pas ri », car elle avait peur. Mais le Seigneur répliqua : « Si, tu as ri. » – Parole du Seigneur.

SAMEDI 26 JUIN 2021

Cantique Luc 1, 46b-47, 48-49, 50.53, 54-55
℟ *Le Seigneur se souvient de son amour.*

Mon âme exalte le Seigneur,
exulte mon esprit en Dieu, mon Sauveur ! ℟

Il s'est penché sur son humble servante ;
désormais tous les âges me diront
   bienheureuse.
Le Puissant fit pour moi des merveilles ;
Saint est son nom ! ℟

Sa miséricorde s'étend d'âge en âge
sur ceux qui le craignent.
Il comble de biens les affamés,
renvoie les riches les mains vides. ℟

Il relève Israël son serviteur,
il se souvient de son amour,
de la promesse faite à nos pères,
en faveur d'Abraham et sa descendance
   à jamais. ℟

Acclamation de l'Évangile
Alléluia. Alléluia. Le Christ a pris nos souffrances, il a porté nos maladies. ***Alléluia.***

Évangile de Jésus Christ
selon saint Matthieu (8, 5-17)

*« Beaucoup viendront de l'orient et de l'occident
et prendront place avec Abraham, Isaac et Jacob »*

En ce temps-là, comme Jésus était entré à Capharnaüm, un centurion s'approcha de lui et le supplia : « Seigneur, mon serviteur est couché, à la maison, paralysé, et il souffre terriblement. » Jésus lui dit : « Je vais

SAMEDI 26 JUIN 2021

aller moi-même le guérir. » Le centurion reprit : « Seigneur, je ne suis pas digne que tu entres sous mon toit, mais dis seulement une parole et mon serviteur sera guéri. Moi-même qui suis soumis à une autorité, j'ai des soldats sous mes ordres ; à l'un, je dis : "Va", et il va ; à un autre : "Viens", et il vient, et à mon esclave : "Fais ceci", et il le fait. » À ces mots, Jésus fut dans l'admiration et dit à ceux qui le suivaient : « Amen, je vous le déclare, chez personne en Israël, je n'ai trouvé une telle foi. Aussi je vous le dis : Beaucoup viendront de l'orient et de l'occident et prendront place avec Abraham, Isaac et Jacob au festin du royaume des Cieux, mais les fils du Royaume seront jetés dans les ténèbres du dehors ; là, il y aura des pleurs et des grincements de dents. » Et Jésus dit au centurion : « Rentre chez toi, que tout se passe pour toi selon ta foi. » Et, à l'heure même, le serviteur fut guéri.

Comme Jésus entrait chez Pierre, dans sa maison, il vit sa belle-mère couchée avec de la fièvre. Il lui toucha la main, et la fièvre la quitta. Elle se leva, et elle le servait.

Le soir venu, on présenta à Jésus beaucoup de possédés. D'une parole, il expulsa les esprits et, tous ceux qui étaient atteints d'un mal, il les guérit, pour que soit accomplie la parole prononcée par le prophète Isaïe : *Il a pris nos souffrances*, il a porté nos maladies.*

Prière sur les offrandes
Tu as voulu que nous trouvions, Seigneur, dans les biens que nous te présentons les nourritures de cette vie et le sacrement d'une vie nouvelle ; fais que nos corps et nos âmes puissent toujours en bénéficier. Par Jésus… — ***Amen.***

SAMEDI 26 JUIN 2021

Antienne de la communion
J'ai demandé une chose au Seigneur,
la seule que je cherche :
habiter la maison du Seigneur
tous les jours de ma vie.
(Ps 26, 4)
OU
Jésus priait ainsi : « Père très saint,
garde mes disciples dans la fidélité
à ton nom que tu m'as donné
en partage, pour qu'ils soient
un comme nous, dans l'amour. »
(Jn 17, 11)

Prière après la communion
Cette communion à tes mystères,
Seigneur, préfigure l'union des fidèles
en toi ; fais qu'elle serve à l'unité dans
ton Église. Par Jésus…
— **Amen.**

INVITATION
Je peux prier le chapelet de Lourdes en le regardant en direct à 15 h 30
sur le site du sanctuaire www.lourdes-france.org.

SAMEDI 26 JUIN 2021

COMMENTAIRE

Singulier et pluriel Genèse 18, 1-15

Abraham accueille trois hommes qui, curieusement, se présentent aux heures les plus chaudes. Il les salue au singulier, « Mon Seigneur », mais continue la conversation au pluriel. Pendant qu'ils mangent, les visiteurs demandent au patriarche où se trouve son épouse. Puis ils deviennent un « voyageur », au singulier, par deux fois identifié au Seigneur. Savons-nous percevoir les multiples visages de Dieu qui se mêle à nos conversations ? ■

Père Nicolas Tarralle, assomptionniste

✳ CLÉ DE LECTURE

« Il a pris nos souffrances » Matthieu 8, 17 *(p. 180)*

L'enchaînement des petites unités est difficile : la guérison à distance par Jésus du serviteur d'un centurion et son admiration pour la foi du païen le conduisent à prononcer des paroles très dures sur l'accueil refusé dans le Royaume. On y entend résonner une théologie de la substitution qui n'est pas celle de Jésus mais qui reflète le durcissement du conflit entre les chrétiens et les juifs dans les années 80. *D'ailleurs la guérison de la belle-mère de Pierre, qui suit aussitôt, est dite en termes de résurrection et de diaconie ou service du repas festif ; et le large accueil que Jésus fait à tous ceux qu'on lui amène vient infirmer les paroles prononcées plus haut.* Jésus accomplit la prophétie d'Isaïe pour les souffrants de son peuple d'abord. ■

Roselyne Dupont-Roc, bibliste

DIMANCHE 27 JUIN 2021
13ᵉ DIMANCHE DU TEMPS ORDINAIRE
ANNÉE B COULEUR LITURGIQUE : VERT

« Ne crains pas, crois seulement. »
Marc 5, 36

Une jeune fille à toute extrémité. Une femme en proie à des pertes de sang chroniques. Devant la maladie, la détresse des hommes et des femmes qu'il rencontre, le Christ ne recule pas. Au contraire, sa compassion le pousse à semer la consolation, la guérison, la vie. Il est venu apporter la paix de Dieu et remettre les gens debout. Aujourd'hui, avec foi, présentons-lui nos maux et nos désarrois.

DIMANCHE 27 JUIN 2021

OUVERTURE DE LA CÉLÉBRATION

Chant d'entrée (Suggestions p. 247)
OU
Antienne d'ouverture
Tous les peuples, battez des mains,
acclamez Dieu par vos cris de joie. (Ps 46, 2)

Suggestion de préparation pénitentielle (ou p. 220)
Christ est venu dans le monde pour sauver les hommes et les remettre debout. Avec foi, tournons-nous vers Dieu et reconnaissons que nous sommes pécheurs.

Seigneur Jésus, tu fais remonter l'humanité de l'abîme, promesse de vie, tu relèves ceux qui descendent à la fosse. Kyrie eleison.

— *Kyrie eleison.*

Ô Christ, ta colère ne dure qu'un instant, doux et humble de cœur, ta bonté dure à jamais. Christe eleison.

— *Christe eleison.*

Seigneur, tu transformes nos deuils en danses et les larmes du repentir en joie. Kyrie eleison.

— *Kyrie eleison.*

Que Dieu tout-puissant nous fasse miséricorde ; qu'il nous pardonne nos péchés et nous conduise à la vie éternelle. **— *Amen.***

DIMANCHE 27 JUIN 2021

Gloire à Dieu (p. 221)

Prière
Tu as voulu, Seigneur, qu'en recevant ta grâce nous devenions des fils de lumière ; ne permets pas que l'erreur nous plonge dans la nuit, mais accorde-nous d'être toujours rayonnants de ta vérité. Par Jésus Christ…
— **Amen.**

LITURGIE DE LA PAROLE

Lecture du livre de la Sagesse (1, 13-15 ; 2, 23-24)
   « C'est par la jalousie du diable que la mort est entrée dans le monde »

Dieu n'a pas fait la mort, il ne se réjouit pas de voir mourir les êtres vivants. Il les a tous créés pour qu'ils subsistent ; ce qui naît dans le monde est porteur de vie : on n'y trouve pas de poison qui fasse mourir. La puissance de la Mort ne règne pas sur la terre, car la justice est immortelle.
Dieu a créé l'homme pour l'incorruptibilité, il a fait de lui une image de sa propre identité. C'est par la jalousie du diable que la mort est entrée dans le monde ; ils en font l'expérience, ceux qui prennent parti pour lui.
– Parole du Seigneur.

DIMANCHE 27 JUIN 2021

Psaume 29 (30)
℟ *Je t'exalte, Seigneur : tu m'as relevé.*

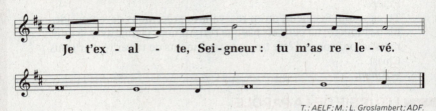

T. : AELF; M. : L. Groslambert; ADF.

Je t'exalte, Seigneur : tu m'as relevé,
tu m'épargnes les rires de l'ennemi.
Seigneur, tu m'as fait remonter de l'abîme
et revivre quand je descendais à la fosse. ℟

Fêtez le Seigneur, vous, ses fidèles,
rendez grâce en rappelant son nom très saint.
Sa colère ne dure qu'un instant,
sa bonté, toute la vie. ℟

Avec le soir, viennent les larmes,
mais au matin, les cris de joie.
Tu as changé mon deuil en une danse,
mes habits funèbres en parure de joie. ℟

Retrouvez ce psaume sur le CD "Les psaumes de l'année B"

DIMANCHE 27 JUIN 2021

Que mon cœur ne se taise pas,
qu'il soit en fête pour toi,
et que sans fin, Seigneur, mon Dieu,
je te rende grâce ! ℟

Lecture de la deuxième lettre de saint Paul apôtre
aux Corinthiens (8, 7. 9. 13-15)

*« Ce que vous avez en abondance
comblera les besoins des frères pauvres »*

Frères, puisque vous avez tout en abondance, la foi, la Parole, la connaissance de Dieu, toute sorte d'empressement et l'amour qui vous vient de nous, qu'il y ait aussi abondance dans votre don généreux ! Vous connaissez en effet le don généreux de notre Seigneur Jésus Christ : lui qui est riche, il s'est fait pauvre à cause de vous, pour que vous deveniez riches par sa pauvreté. Il ne s'agit pas de vous mettre dans la gêne en soulageant les autres, il s'agit d'égalité. Dans la circonstance présente, ce que vous avez en abondance comblera leurs besoins, afin que, réciproquement, ce qu'ils ont en abondance puisse combler vos besoins, et cela fera l'égalité, comme dit l'Écriture à propos de la manne : *Celui qui en avait ramassé beaucoup n'eut rien de trop, celui qui en avait ramassé peu ne manqua de rien.*
– Parole du Seigneur.

DIMANCHE 27 JUIN 2021

Acclamation de l'Évangile
Alléluia. Alléluia. Notre Sauveur, le Christ Jésus, a détruit la mort ; il a fait resplendir la vie par l'Évangile. **Alléluia.**

M. : J. Berthier. ©Atelier et presses de Taizé. Psalmodie : Bayard Liturgie ; C-É Hauguel.

Évangile de Jésus Christ selon saint Marc (5, 21-43)
(Lecture brève : 5, 21-24. 35b-43)

« *Jeune fille, je te le dis, lève-toi !* »

En ce temps-là, Jésus regagna en barque l'autre rive, et une grande foule s'assembla autour de lui. Il était au bord de la mer. Arrive un des chefs de synagogue, nommé Jaïre. Voyant Jésus, il tombe à ses pieds et le supplie instamment : « Ma fille, encore si jeune, est à la dernière extrémité. Viens lui imposer les mains pour qu'elle soit sauvée et qu'elle vive. » Jésus partit avec lui, et la foule qui le suivait était si nombreuse qu'elle l'écrasait.

Interruption de la lecture brève

Or, une femme, qui avait des pertes de sang depuis douze ans… – elle avait beaucoup souffert du traitement de nombreux médecins, et elle avait dépensé tous ses biens sans avoir la moindre

DIMANCHE 27 JUIN 2021

amélioration; au contraire, son état avait plutôt empiré – ... cette femme donc, ayant appris ce qu'on disait de Jésus, vint par-derrière dans la foule et toucha son vêtement. Elle se disait en effet: « Si je parviens à toucher seulement son vêtement, je serai sauvée. » À l'instant, l'hémorragie s'arrêta, et elle ressentit dans son corps qu'elle était guérie de son mal. Aussitôt Jésus se rendit compte qu'une force était sortie de lui. Il se retourna dans la foule, et il demandait: « Qui a touché mes vêtements? » Ses disciples lui répondirent: « Tu vois bien la foule qui t'écrase, et tu demandes: "Qui m'a touché?" » Mais lui regardait tout autour pour voir celle qui avait fait cela. Alors la femme, saisie de crainte et toute tremblante, sachant ce qui lui était arrivé, vint se jeter à ses pieds et lui dit toute la vérité. Jésus lui dit alors: « Ma fille, ta foi t'a sauvée. Va en paix et sois guérie de ton mal. » Comme il parlait encore,

Reprise de la lecture brève

(Alors) des gens arrivent de la maison de Jaïre, le chef de synagogue, pour dire à celui-ci: « Ta fille vient de mourir. À quoi bon déranger encore le Maître? » Jésus, surprenant ces mots, dit au chef de synagogue: « Ne crains pas, crois seulement. » Il ne laissa personne l'accompagner, sauf Pierre, Jacques, et Jean, le frère de Jacques. Ils arrivent à la maison du chef de synagogue. Jésus voit l'agitation, et des gens qui pleurent et poussent de grands cris. Il entre et leur dit: « Pourquoi cette agitation et ces pleurs? L'enfant n'est pas morte: elle dort. » Mais on se moquait de lui. Alors il met tout le monde dehors, prend avec lui le père et la mère de l'enfant, et ceux qui étaient avec lui ; puis il pénètre là où reposait l'enfant. Il saisit la main de l'enfant, et lui dit : « *Talitha koum* », ce qui signifie : « Jeune fille, je te le dis, lève-toi ! » Aussitôt la jeune fille se leva et se mit à marcher – elle avait en effet douze ans. Ils furent frappés d'une grande stupeur. Et Jésus leur ordonna fermement de ne le faire savoir à personne ; puis il leur dit de la faire manger.

Homélie

Profession de foi (p. 222)

Suggestion de prière universelle

Le prêtre :
Le Christ est venu relever et sauver tous les habitants de la terre. Présentons-les à son Père, spécialement les plus éprouvés.
℟ **Dieu de toute grâce, viens à notre secours.**

Bayard Liturgie ; T. : D. Lang ; M. : G. Notebaert.

Le diacre ou un lecteur :
Père, ton Fils a relevé de la mort la fille de Jaïre. Pour les ministres ordonnés en ces jours, qu'ils deviennent de joyeux témoins de

DIMANCHE 27 JUIN 2021

la résurrection. Ancrés dans la foi de Pierre, nous te prions. ℟

Père, ton Fils a remis sur pied nombre d'hommes et de femmes. Pour nos législateurs et nos chefs politiques, qu'ils veillent au bien de tous, quelles que soient leurs conditions sociales. Encouragés par la bonté du Christ, nous te prions. ℟

Père, ton Fils a guéri une femme en proie à la maladie chronique. Pour les malades qui ont peu d'espoir de guérison, qu'ils soient touchés par la compassion du Christ. Confiants dans la Bonne Nouvelle, nous te prions. ℟

Père, ton Fils a encouragé les mariés de Cana. Pour les futurs mariés de notre assemblée, qu'ils grandissent dans l'amour, avec générosité, fidélité et patience. Avec le pape François, nous te prions. ℟

(Ces intentions seront adaptées ou modifiées selon les circonstances.)

Le prêtre:
Dieu notre Père, toi qui guéris et ressuscites les morts, écoute nos prières et daigne les exaucer. Par Jésus le Christ, notre Seigneur.
— ***Amen.***

LITURGIE EUCHARISTIQUE

Prière sur les offrandes
Dieu qui agis avec puissance dans tes sacrements, fais que le peuple assemblé pour te servir soit accordé à la sainteté de tes propres dons. Par Jésus… — ***Amen.***

DIMANCHE 27 JUIN 2021

Prière eucharistique (Préfaces des dimanches, p. 226)

Chant de communion (Suggestions p. 247)
OU
Antienne de la communion
Bénis le Seigneur, ô mon âme, n'oublie aucun de ses bienfaits.
(Ps 102, 2)
OU
Jésus priait ainsi : « Pour ceux qui croiront en moi,
je te demande, Père, qu'ils soient un en nous,
afin que le monde reconnaisse que tu m'as envoyé. » (Jn 17, 20-21)

Prière après la communion
Que le corps et le sang de Jésus Christ, offert en sacrifice et reçu en communion, nous donnent la vie, Seigneur : reliés à toi par une charité qui ne passera jamais, nous porterons des fruits qui demeurent. Par Jésus… — **Amen.**

CONCLUSION DE LA CÉLÉBRATION

Bénédiction

Envoi

DIMANCHE 27 JUIN 2021

COMMENTAIRE DU DIMANCHE
Père Luc Forestier, oratorien, enseignant en théologie à l'Institut catholique de Paris

Relation personnelle

La souffrance de cette femme, comme le décès de la fille de Jaïre, interroge nos représentations de la toute-puissance de Dieu. Comment Dieu peut-il permettre toutes ces souffrances ? La première lecture montre que ces débats traversent les Écritures. En effet, le livre de la Sagesse reconnaît que le dessein de Dieu est centré sur la vie, rejetant la mort dans les conséquences non voulues de la Création. De son côté, le premier chapitre de la Genèse montre, par la mention de la succession des générations, que la mort fait partie de toute existence humaine ou animale.

C'est sur le fond de cette tension interne à la Bible que Marc rapporte le geste de Jésus, en insistant sur le contact physique et la relation personnelle. Jaïre supplie Jésus de venir imposer les ...

DIMANCHE 27 JUIN 2021

••• mains à sa fille mais Jésus prend la main de celle-ci. La femme ne cherche qu'à toucher le vêtement de Jésus mais ce dernier crée un lien direct avec elle. Comme les débats sur la mort, ces décalages narratifs sont au service de l'étonnement que suscite l'Écriture, contre nos attentes de réponses sécurisées.

Le comble du déplacement que provoquent les lectures se trouve dans la phrase audacieuse de saint Paul. Il s'agit bien d'être enrichi en effet, non par l'assurance d'une prospérité garantie, mais par l'accueil de la pauvreté de celui qui vient nous rejoindre au creux de nos vulnérabilités. Il établit une relation personnelle et un contact physique qui nous permettent de vivre.

Comment accueillir cette richesse que le Christ me confie dans sa pauvreté ?

Quel décalage surprenant ai-je repéré récemment dans les Écritures ? ■

DIMANCHE 27 JUIN 2021

LIRE L'ÉVANGILE AVEC LES ENFANTS

CE QUE JE DÉCOUVRE

La foi de Jaïre est grande, cet homme a une confiance totale en Jésus. Des gens rient et se moquent de sa foi : ils pensent qu'elle n'a servi à rien, puisque sa fille vient de mourir. Mais Jésus aide la jeune fille de Jaïre à se lever, comme quand tu tombes et qu'une personne t'aide à te remettre debout. Jésus relève et rend la vie.
Souviens-toi de ce que Jésus a dit à Jaïre :
« Ne crains pas, crois seulement. »

CE QUE JE VIS

As-tu parfois l'impression de déranger Jésus avec tes questions, tes soucis ?
À quels moments Jésus te dit-il : « Ne crains pas, crois seulement » ?
Comme Jaïre, mets-toi à genoux et dis ta foi en Jésus.
Répète d'abord : « Je ne crains pas, je crois en toi. »
Puis récite la prière du Notre Père.

Texte : P. Cédric Kuntz. Illustrations : Marcelino Truong

DIMANCHE 27 JUIN 2021

MÉDITATION BIBLIQUE
13ᴇ DIMANCHE DU TEMPS ORDINAIRE
Évangile selon saint Marc 5, 21-43

« Ta foi t'a sauvée »

Peut-être avons-nous déjà fait l'expérience d'une guérison, d'un retour à la vie dans lesquels nous avons reconnu l'action de Dieu ? Peut-être avons-nous perçu que notre confiance lui avait laissé la liberté d'agir, ce que lui interdisait notre crispation ou notre volontarisme ?

Le temps de la préparation
« Seigneur, tu m'as fait remonter de l'abîme et revivre quand je descendais à la fosse. »
Ps 29 (30), 4

Le temps de l'observation
Les deux récits évangéliques proposés à notre méditation sont imbriqués et offrent un effet de miroir, ce qui rend leurs différences encore plus signifiantes. Dans les deux cas : la foi est mise en avant, Jaïre comme la femme tombent aux pieds de Jésus. Mais si le premier est un personnage reconnu qui fait sa demande haut et fort, la seconde est anonyme, se trouve exclue du corps social en raison de son mal et n'ose s'approcher de Jésus que subrepticement. La femme agit mais elle a en commun avec la fille de Jaïre, totalement passive, une

DIMANCHE 27 JUIN 2021

forme de non-existence. Or Jésus va s'adresser à l'une et à l'autre, les poser comme personnes à part entière. Toutes les deux ont aussi un rapport au toucher : la femme touche, la jeune fille est touchée puisque Jésus lui saisit la main pour la relever. Quant au Christ, il est mis en opposition avec les nombreux médecins qui ont exercé leurs « talents » sur la femme.

Le temps de la méditation

Ces médecins confrontés à une vie qui s'étiole, à une perte de vitalité se sont révélés impuissants à sauver. Ils peuvent figurer tout ce vers quoi nous nous tournons quand le mal-être nous saisit, quand notre vie nous échappe : techniques de bien-être rapides, marchands d'illusions, tourbillon d'activités. Or seul suffit, le Christ, que nous reconnaissons comme notre Seigneur et Sauveur. Osons-nous, telle la femme, transgresser la règle commune – il lui était interdit de toucher Jésus –, les diktats de la pensée unique ou de nos préjugés pour nous approcher de lui dans la foi ? Nous aussi nous pouvons venir à lui en méditant sa Parole, en le contemplant, en le priant. « Si quelqu'un touche la chair de Jésus […], si avec toute sa foi, toute son obéissance, il s'approche de Jésus comme du Verbe fait chair, celui-là a touché la vraie chair du sacrifice et il est sanctifié » (Origène).

Le temps de la prière

« Tu as changé mon deuil en une danse, que mon cœur soit en fête, et que, sans fin, Seigneur, je te rende grâce. » Ps 29 (30), 12 ■
Sœur Emmanuelle Billoteau, ermite

DIMANCHE 27 JUIN 2021

DES IMAGES POUR LA FOI
13E DIMANCHE DU TEMPS ORDINAIRE

Au pas du Christ

Dans l'image ci-contre comme dans l'évangile du jour, la femme qui souffrait d'hémorragies se fait discrète. C'est elle pourtant que Jésus va donner en exemple à ses disciples.

Au premier regard, cette scène d'Évangile semble une affaire d'hommes. C'est une belle composition symétrique dont Jésus, avec sa large auréole crucifère, est l'axe central. Il est encadré par deux trios menés l'un et l'autre par un homme à la barbe et aux cheveux argentés et suivis de deux autres dont un seul est imberbe : Pierre et les apôtres à gauche, et Jaïre accompagné de ses *proches*, à droite (Mc 5, 22). La bande horizontale centrale est le théâtre d'un jeu de mains et de regards très bien organisé dont Jésus est le centre. Mais voici que le bel équilibre de l'image est perturbé ! Dans le tiers inférieur de l'image, là où notre regard n'est pas censé aller, une femme s'est glissée, pliée en deux dans le petit espace entre le Christ et ses disciples. Elle souffre d'hémorragies et espère « être sauvée ». Elle est venue par-derrière pour ne pas attirer l'attention ; elle a seulement osé toucher la « frange » du vêtement de Jésus (Mt 9, 20). Jésus a été touché par sa démarche. Son regard pénétrant se pose sur ses apôtres : à eux comme à nous, il donne la foi de cette femme en exemple et invite à marcher sur ses pas. ■

Dominique Pierre, journaliste

DIMANCHE 27 JUIN 2021

Miniature d'un évangéliaire (Codex Egberti, vers 980).
Bibliothèque municipale de Trèves (Allemagne).

DIMANCHE 27 JUIN 2021

Une prière de Normand Provencher, pour ce dimanche

« Crois seulement »

Nous te louons, Dieu notre Père et Créateur de tout l'univers.
Tu nous crées vivants, à ton image,
et tu nous destines à vivre pour toujours avec toi.
Nous te louons, Seigneur de la vie, pour la jeune fille
sans vie de Jaïre que tu ranimes, pour la femme souffrante
et exclue que tu guéris et pour tant de femmes et d'hommes
malades et rejetés, dont la foi et la prière confiante
ont obtenu le retour à une vie nouvelle et heureuse.
Nous te louons, Dieu tout-puissant, d'être victorieux
du néant et de la mort et d'enlever de nos cœurs fragiles
toute anxiété par le don de la foi qui rend tout possible.
Lorsque nous sommes inquiets et désemparés,
laisse résonner en nous ces quelques mots :
« Ne crains pas, crois seulement. »
Nous te demandons, Seigneur, la source de la vie,
d'affirmer notre confiance et notre espérance en toi.

LUNDI 28 JUIN 2021

13ᴱ SEMAINE DU TEMPS ORDINAIRE COULEUR LITURGIQUE : ROUGE

Saint Irénée
Vers 130-202. Disciple de saint Polycarpe, il fut le deuxième évêque de Lyon, après saint Pothin. Ses écrits le classent comme le premier des grands théologiens d'Occident.

Antienne d'ouverture
Saint Irénée avait sur les lèvres la doctrine de vérité.
Dans la paix et la droiture,
il marchait avec le Seigneur.
(cf. Ml 2, 6)

Prière
Tu as donné, Seigneur, à l'évêque saint Irénée de faire triompher la vraie doctrine et d'affirmer la paix dans l'Église, par son intercession réveille notre foi et notre charité, pour que nous cherchions en toute chose ce qui favorise l'union entre les hommes. Par Jésus Christ… — ***Amen.***

Lecture
du livre de la Genèse (18, 16-33)

« Vas-tu faire périr le juste avec le coupable ? »

Aux chênes de Mambré, les hommes se levèrent pour partir et regardèrent du côté de Sodome. Abraham marchait avec eux pour les reconduire. Le Seigneur s'était dit : « Est-ce que je vais cacher à Abraham ce que je veux faire ? Car Abraham doit devenir une nation grande et puissante, et toutes les nations de la terre doivent être bénies en lui. En

LUNDI 28 JUIN 2021

effet, je l'ai choisi pour qu'il ordonne à ses fils et à sa descendance de garder le chemin du Seigneur, en pratiquant la justice et le droit ; ainsi, le Seigneur réalisera sa parole à Abraham. » Alors le Seigneur dit : « Comme elle est grande, la clameur au sujet de Sodome et de Gomorrhe ! Et leur faute, comme elle est lourde ! Je veux descendre pour voir si leur conduite correspond à la clameur venue jusqu'à moi. Si c'est faux, je le reconnaîtrai. »

Les hommes se dirigèrent vers Sodome, tandis qu'Abraham demeurait devant le Seigneur. Abraham s'approcha et dit : « Vas-tu vraiment faire périr le juste avec le coupable ? Peut-être y a-t-il cinquante justes dans la ville. Vas-tu vraiment les faire périr ? Ne pardonneras-tu pas à toute la ville à cause des cinquante justes qui s'y trouvent ? Loin de toi de faire une chose pareille ! Faire mourir le juste avec le coupable, traiter le juste de la même manière que le coupable, loin de toi d'agir ainsi ! Celui qui juge toute la terre n'agirait-il pas selon le droit ? » Le Seigneur déclara : « Si je trouve cinquante justes dans Sodome, à cause d'eux je pardonnerai à toute la ville. » Abraham répondit : « J'ose encore parler à mon Seigneur, moi qui suis poussière et cendre. Peut-être, sur les cinquante justes, en manquera-t-il cinq : pour ces cinq-là, vas-tu détruire toute la ville ? » Il déclara : « Non, je ne la détruirai pas, si j'en trouve quarante-cinq. » Abraham insista : « Peut-être s'en trouvera-t-il seulement quarante ? » Le Seigneur déclara : « Pour quarante, je ne le ferai pas. » Abraham dit : « Que mon Seigneur ne se mette pas en colère, si j'ose parler encore. Peut-être s'en trouvera-t-il seulement trente ? » Il déclara : « Si j'en trouve trente, je

LUNDI 28 JUIN 2021

ne le ferai pas. » Abraham dit alors : « J'ose encore parler à mon Seigneur. Peut-être s'en trouvera-t-il seulement vingt ? » Il déclara : « Pour vingt, je ne détruirai pas. » Il dit : « Que mon Seigneur ne se mette pas en colère : je ne parlerai plus qu'une fois. Peut-être s'en trouvera-t-il seulement dix ? » Et le Seigneur déclara : « Pour dix, je ne détruirai pas. »
Quand le Seigneur eut fini de s'entretenir avec Abraham, il partit, et Abraham retourna chez lui.
– Parole du Seigneur.

Psaume 102 (103)

℟ **Le Seigneur est tendresse et pitié.**

Bénis le Seigneur, ô mon âme,
bénis son nom très saint, tout mon être !
Bénis le Seigneur, ô mon âme,
n'oublie aucun de ses bienfaits ! ℟

Car il pardonne toutes tes offenses
et te guérit de toute maladie ;
il réclame ta vie à la tombe
et te couronne d'amour et de tendresse. ℟

Le Seigneur est tendresse et pitié,
lent à la colère et plein d'amour ;
il n'est pas pour toujours en procès,
ne maintient pas sans fin ses reproches. ℟

Il n'agit pas envers nous selon nos fautes,
ne nous rend pas selon nos offenses.
Comme le ciel domine la terre,
fort est son amour pour qui le craint ! ℟

27 - 30

LUNDI 28 JUIN 2021

Acclamation de l'Évangile
Alléluia. Alléluia. Aujourd'hui, ne fermez pas votre cœur, mais écoutez la voix du Seigneur. **Alléluia.**

Évangile de Jésus Christ
selon saint Matthieu (8, 18-22)

« Suis-moi »

En ce temps-là, Jésus, voyant une foule autour de lui, donna l'ordre de partir vers l'autre rive. Un scribe s'approcha et lui dit : « Maître, je te suivrai partout où tu iras. » Mais Jésus lui déclara : « Les renards ont des terriers, les oiseaux du ciel ont des nids ; mais le Fils de l'homme n'a pas d'endroit où reposer la tête. » Un autre de ses disciples lui dit : « Seigneur, permets-moi d'aller d'abord enterrer mon père. » Jésus lui dit : « Suis-moi, et laisse les morts enterrer leurs morts. »

Prière sur les offrandes
En célébrant la mémoire de saint Irénée, nous t'offrons avec joie, Seigneur, ce sacrifice : qu'il te rende gloire et nous obtienne l'amour de la vérité, pour garder intacte la foi de l'Église, et inébranlable son unité. Par Jésus… — **Amen.**

Antienne de la communion
« Demeurez en moi, comme moi en vous, dit le Seigneur. Celui qui demeure en moi, et en qui je demeure, celui-là donne beaucoup de fruit. »
(Jn 15, 4-5)

LUNDI 28 JUIN 2021

Prière après la communion
Par cette communion à tes mystères, Seigneur, augmente en nous la foi : c'est la foi, gardée jusqu'à la mort, qui a fait la gloire de saint Irénée ; que cette même foi sincèrement vécue nous obtienne la justification. Par Jésus… — *Amen.*

INVITATION

Je confie à saint Irénée les chrétiens du diocèse de Lyon et tous les théologiens de par le monde.

COMMENTAIRE

Ne compter que sur Dieu Matthieu 8, 18-22

Afin de lui emboîter le pas, le Christ n'exige rien de nous. Si ce n'est d'être disponibles pour accueillir et partager sa vie débordante. En revanche, suivre le Christ en ne continuant qu'à compter sur ce que l'on est, ou encore la place qu'on occupe, peut constituer un obstacle à la suivance véritable. Si mouvementée soit notre vie, sommes-nous prêts à ne compter que sur Dieu ? ■

Père Jean-Paul Musangania, assomptionniste

MARDI 29 JUIN 2021

COULEUR LITURGIQUE : ROUGE

Saint Pierre et saint Paul

Simon, frère d'André, reçut de Jésus le nom de Pierre. Paul rencontra le Christ sur le chemin de Damas. Ils sont appelés « colonnes de l'Église ». Ils moururent martyrs à Rome (vers 64).

Antienne d'ouverture
**Rendons grâce en cette fête des Apôtres Pierre et Paul.
Par leur martyre ils ont planté l'Église.
Ils ont partagé la coupe du Seigneur et sont devenus ses amis.**

Gloire à Dieu (p. 221)

Prière
Seigneur, tu nous as donné ce jour de sainte joie pour fêter les bienheureux Apôtres Pierre et Paul ; accorde à ton Église une fidélité parfaite à leur enseignement, puisqu'elle reçut par eux la première annonce de la foi. Par Jésus Christ… — ***Amen.***

Lectures propres à la solennité de saint Pierre et saint Paul.

Lecture
du livre des Actes des Apôtres (12, 1-11)

« Vraiment, je me rends compte maintenant que le Seigneur m'a arraché aux mains d'Hérode »

À cette époque, le roi Hérode Agrippa se saisit de certains membres de l'Église pour les mettre à mal. Il supprima Jacques, frère de Jean, en le faisant décapiter. Voyant que cette mesure plaisait aux Juifs, il

MARDI 29 JUIN 2021

décida aussi d'arrêter Pierre. C'était les jours des Pains sans levain. Il le fit appréhender, emprisonner, et placer sous la garde de quatre escouades de quatre soldats ; il voulait le faire comparaître devant le peuple après la Pâque. Tandis que Pierre était ainsi détenu dans la prison, l'Église priait Dieu pour lui avec insistance. Hérode allait le faire comparaître. Or, Pierre dormait, cette nuit-là, entre deux soldats ; il était attaché avec deux chaînes et des gardes étaient en faction devant la porte de la prison. Et voici que survint l'ange du Seigneur, et une lumière brilla dans la cellule. Il réveilla Pierre en le frappant au côté et dit : « Lève-toi* vite. » Les chaînes lui tombèrent des mains. Alors l'ange lui dit : « Mets ta ceinture et chausse tes sandales. » Ce que fit Pierre. L'ange ajouta : « Enveloppe-toi de ton manteau et suis-moi. » Pierre sortit derrière lui, mais il ne savait pas que tout ce qui arrivait grâce à l'ange était bien réel ; il pensait qu'il avait une vision. Passant devant un premier poste de garde, puis devant un second, ils arrivèrent au portail de fer donnant sur la ville. Celui-ci s'ouvrit tout seul devant eux. Une fois dehors, ils s'engagèrent dans une rue, et aussitôt l'ange le quitta. Alors, se reprenant, Pierre dit : « Vraiment, je me rends compte maintenant que le Seigneur a envoyé son ange, et qu'il m'a arraché aux mains d'Hérode et à tout ce qu'attendait le peuple juif. »
– Parole du Seigneur.

MARDI 29 JUIN 2021

Psaume 33 (34)

℟ *De toutes mes frayeurs, le Seigneur me délivre.*

Je bénirai le Seigneur en tout temps,
sa louange sans cesse à mes lèvres.
Je me glorifierai dans le Seigneur :
que les pauvres m'entendent et soient en fête ! ℟

Magnifiez avec moi le Seigneur,
exaltons tous ensemble son nom.
Je cherche le Seigneur, il me répond :
de toutes mes frayeurs, il me délivre. ℟

Qui regarde vers lui resplendira,
sans ombre ni trouble au visage.
Un pauvre crie ; le Seigneur entend :
il le sauve de toutes ses angoisses. ℟

L'ange du Seigneur campe alentour,
pour libérer ceux qui le craignent.
Goûtez et voyez : le Seigneur est bon !
Heureux qui trouve en lui son refuge ! ℟

Lecture

de la deuxième lettre de saint Paul apôtre à Timothée (4, 6-8. 17-18)

« Je n'ai plus qu'à recevoir la couronne de la justice »

Bien-aimé, je suis déjà offert en sacrifice, le moment de mon départ est venu. J'ai mené le bon combat, j'ai achevé ma course, j'ai gardé la foi. Je n'ai plus qu'à recevoir la couronne de la justice : le Seigneur, le juste juge, me la remettra en ce jour-là, et non seulement à moi, mais aussi à tous ceux qui auront désiré avec amour sa Manifestation glorieuse. Tous m'ont abandonné. Le Seigneur, lui, m'a assisté. Il m'a rempli de force pour que, par moi, la proclamation de l'Évangile s'accomplisse jusqu'au bout et que toutes les nations l'entendent. J'ai été arraché à la gueule

MARDI 29 JUIN 2021

du lion ; le Seigneur m'arrachera encore à tout ce qu'on fait pour me nuire. Il me sauvera et me fera entrer dans son Royaume céleste. À lui la gloire pour les siècles des siècles. Amen. – Parole du Seigneur.

Acclamation de l'Évangile
Alléluia. Alléluia. Tu es Pierre, et sur cette pierre je bâtirai mon Église ; et la puissance de la Mort ne l'emportera pas sur elle. ***Alléluia.***

Évangile de Jésus Christ
selon saint Matthieu (16, 13-19)

« Tu es Pierre, et je te donnerai les clés du royaume des Cieux »

En ce temps-là, Jésus, arrivé dans la région de Césarée-de-Philippe, demandait à ses disciples : « Au dire des gens, qui est le Fils de l'homme ? » Ils répondirent : « Pour les uns, Jean le Baptiste ; pour d'autres, Élie ; pour d'autres encore, Jérémie ou l'un des prophètes. » Jésus leur demanda : « Et vous, que dites-vous ? Pour vous, qui suis-je ? » Alors Simon-Pierre prit la parole et dit : « Tu es le Christ, le Fils du Dieu vivant ! » Prenant la parole à son tour, Jésus lui dit : « Heureux es-tu, Simon fils de Yonas : ce n'est pas la chair et le sang qui t'ont révélé cela, mais mon Père qui est aux cieux. Et moi, je te le déclare : Tu es Pierre, et sur cette pierre je bâtirai mon Église ; et la puissance de la Mort ne l'emportera pas sur elle. Je te donnerai les clés du royaume des Cieux : tout ce que tu auras lié sur la terre sera lié dans les cieux, et tout ce que tu auras délié sur la terre sera délié dans les cieux. »

27 - 30

MARDI 29 JUIN 2021

Profession de foi (p. 222)

Prière sur les offrandes
Que la prière de tes Apôtres, Seigneur, accompagne l'offrande que nous te présentons ; qu'elle nous inspire et nous soutienne pour célébrer cette eucharistie. Par Jésus… — **Amen.**

Prière eucharistique
(Préface de saint Pierre et saint Paul)

Vraiment, il est juste et bon de te rendre gloire, de t'offrir notre action de grâce, toujours et en tout lieu, à toi, Père très saint, Dieu éternel et tout-puissant. Car tu nous donnes de fêter en ce jour les deux Apôtres Pierre et Paul : celui qui fut le premier à confesser la foi, et celui qui l'a mise en lumière ; Pierre qui constitua l'Église en s'adressant d'abord aux fils d'Israël, et Paul qui fit connaître aux *nations* l'Évangile du salut ; l'un et l'autre ont travaillé, chacun selon sa grâce, à rassembler l'unique famille du Christ ; maintenant qu'ils sont réunis dans une même gloire, ils reçoivent une même vénération. C'est pourquoi, avec les anges et tous les saints, nous chantons et proclamons :

Saint ! Saint ! Saint…

Antienne de la communion
Pierre dit à Jésus :
« Tu es le Messie,
le Fils de Dieu vivant. »
Jésus lui répondit :
« Tu es Pierre, et sur cette pierre
je bâtirai mon Église. »
(Mt 16, 16. 18)

MARDI 29 JUIN 2021

Prière après la communion

Après nous avoir fortifiés par cette eucharistie, Seigneur, fais-nous vivre dans ton Église comme les premiers chrétiens : assidus à la fraction du pain, attentifs à l'enseignement des Apôtres, nous serons un seul cœur, une seule âme, solidement enracinés dans ton amour. Par Jésus… — *Amen.*

Bénédiction solennelle

Sur la foi de l'Apôtre saint Pierre, Dieu a fondé la foi de son Église : que la grâce de foi lève toujours en vous.
— *Amen.*

Par la voix de saint Paul, Dieu vous a instruits de ses mystères : qu'il vous apprenne à gagner au Christ vos frères qui ne le connaissent pas encore.
— *Amen.*

L'un et l'autre sont entrés au ciel par le martyre : qu'ils vous aident à donner de votre vie pour l'avancée du royaume de Dieu.
— *Amen.*

Et que Dieu tout-puissant vous bénisse, le Père, et le Fils ✚ et le Saint-Esprit.
— *Amen.*

INVITATION

Je confie au Seigneur les prêtres et ceux appelés à la vocation presbytérale : « qu'ils soient toujours de vrais témoins de l'amour prévenant et miséricordieux de Dieu » (Benoît XVI).

MARDI 29 JUIN 2021

COMMENTAIRE

Notre réponse à la question — Matthieu 16, 13-19

« Pour vous, qui suis-je ? » Comment ne pas se sentir interpellé par la diversité d'opinions au sujet de Jésus ? Quelle est notre réponse ? Est-elle personnelle comme celle de Pierre qui reconnaît le « Messie » là où les autres ne voient en lui que Jean Baptiste, Élie ou un prophète ? Pour y parvenir, une voie royale nous est offerte : intensifier notre prière pour nous rapprocher de Jésus et lui répondre avec générosité et confiance. ■

Père Jean-Paul Musangania, assomptionniste

✣ CLÉ DE LECTURE

« Lève-toi » — Actes 12, 7 *(p. 207)*

Placé par Rome à la tête de la région en 40, Hérode Agrippa, petit fils d'Hérode le Grand, a laissé un très mauvais souvenir à la première génération chrétienne. Jacques, le frère de Jean, est mis à mort, Pierre est jeté en prison. L'intervention spectaculaire d'un ange du Seigneur, c'est-à-dire de Dieu lui-même, qui vient le libérer de ses chaînes, est alors décrite comme une réplique de la résurrection de Jésus. Les termes sont clairs : « lève-toi », « une vision », la porte de fer de la prison s'ouvre d'elle-même... et Pierre peine à réaliser ce qui lui arrive. Une résurrection qui est libération de la mort, et qui est portée par la prière intense, efficace, de la petite Église. Avec Pierre, tous vivent dans leur chair la liturgie de la Pâque. ■

Roselyne Dupont-Roc, bibliste

MERCREDI 30 JUIN 2021

13ᴇ SEMAINE DU TEMPS ORDINAIRE COULEUR LITURGIQUE : VERT

Temps ordinaire, *suggestion d'oraisons et d'antiennes n° 12*
ou **premiers martyrs de l'Église de Rome** *voir p. 218*

Antienne d'ouverture
Le Seigneur est la force de son peuple, le protecteur et le sauveur de ses fidèles. Sauve-nous, Seigneur, veille sur nous, conduis-nous toujours. (Ps 27, 8-9)

Prière
Fais-nous vivre à tout moment, Seigneur, dans l'amour et le respect de ton saint nom, toi qui ne cesses jamais de guider ceux que tu enracines solidement dans ton amour. Par Jésus Christ… — **Amen.**

Lecture
du livre de la Genèse (21, 5. 8-20)

« Le fils de cette servante ne doit pas partager l'héritage de mon fils Isaac »

Abraham avait cent ans quand naquit son fils Isaac. L'enfant grandit, et il fut sevré. Abraham donna un grand festin le jour où Isaac fut sevré. Or, Sara regardait s'amuser Ismaël, ce fils qu'Abraham avait eu d'Agar l'Égyptienne. Elle dit à Abraham : « Chasse cette servante et son fils ; car le fils de cette servante ne doit pas partager l'héritage de mon fils Isaac. » Cette parole attrista beaucoup Abraham, à cause de son fils Ismaël, mais Dieu lui dit : « Ne sois pas triste à cause du garçon et de ta

MERCREDI 30 JUIN 2021

servante ; écoute tout ce que Sara te dira, car c'est par Isaac qu'une descendance portera ton nom ; mais je ferai aussi une nation du fils de la servante, car lui aussi est de ta descendance. » Abraham se leva de bon matin, il prit du pain et une outre d'eau, il les posa sur l'épaule d'Agar, il lui remit l'enfant, puis il la renvoya. Elle partit et alla errer dans le désert de Bershéba. Quand l'eau de l'outre fut épuisée, elle laissa l'enfant sous un buisson, et alla s'asseoir non loin de là, à la distance d'une portée de flèche. Elle se disait : « Je ne veux pas voir mourir l'enfant ! » Elle s'assit non loin de là. Elle éleva la voix et pleura. Dieu entendit la voix du petit garçon ; et du ciel, l'ange de Dieu appela Agar : « Qu'as-tu, Agar ? Sois sans crainte*, car Dieu a entendu la voix du petit garçon, sous le buisson où il était. Debout ! Prends le garçon et tiens-le par la main, car je ferai de lui une grande nation. » Alors, Dieu ouvrit les yeux d'Agar, et elle aperçut un puits. Elle alla remplir l'outre et fit boire le garçon. Dieu fut avec lui, il grandit et habita au désert, et il devint un tireur à l'arc. – Parole du Seigneur.

Psaume 33 (34)

℟ **Un pauvre crie ; le Seigneur entend.**

Un pauvre crie ; le Seigneur entend :
il le sauve de toutes ses angoisses.
L'ange du Seigneur campe alentour
pour libérer ceux qui le craignent. ℟

Saints du Seigneur, adorez-le :
rien ne manque à ceux qui le craignent.
Des riches ont tout perdu, ils ont faim ;
qui cherche le Seigneur
    ne manquera d'aucun bien. ℟

MERCREDI 30 JUIN 2021

Venez, mes fils, écoutez-moi,
que je vous enseigne la crainte du Seigneur.

Qui donc aime la vie
et désire les jours où il verra le bonheur ? ℞

Acclamation de l'Évangile
Alléluia. Alléluia. Le Père a voulu nous engendrer, par sa parole de vérité, pour faire de nous comme les prémices de ses créatures. ***Alléluia.***

Évangile de Jésus Christ
selon saint Matthieu (8, 28-34)

« Es-tu venu pour nous tourmenter avant le moment fixé ? »

En ce temps-là, comme Jésus arrivait sur l'autre rive, dans le pays des Gadaréniens, deux possédés sortirent d'entre les tombes à sa rencontre ; ils étaient si agressifs que personne ne pouvait passer par ce chemin. Et voilà qu'ils se mirent à crier : « Que nous veux-tu, Fils de Dieu ? Es-tu venu pour nous tourmenter avant le moment fixé ? » Or, il y avait au loin un grand troupeau de porcs qui cherchait sa nourriture. Les démons suppliaient Jésus : « Si tu nous expulses, envoie-nous dans le troupeau de porcs. » Il leur répondit : « Allez. » Ils sortirent et ils s'en allèrent dans les porcs ; et voilà que, du haut de la falaise, tout le troupeau se précipita dans la mer, et les porcs moururent dans les flots. Les gardiens prirent la fuite et s'en allèrent dans la ville annoncer tout cela, et en particulier ce qui était arrivé aux possédés. Et voilà que toute la ville sortit à la rencontre de Jésus ; et lorsqu'ils le virent, les gens le supplièrent de partir de leur territoire.

MERCREDI 30 JUIN 2021

Prière sur les offrandes
Accepte, Seigneur, le sacrifice de louange et de pardon, afin que nos cœurs, purifiés par sa puissance, t'offrent un amour qui réponde à ton amour. Par Jésus…
— ***Amen.***

Antienne de la communion
Tous ont les yeux sur toi,
Seigneur, ils espèrent,
et tu donnes à chacun sa nourriture.
(Ps 144, 15)
OU
Le Seigneur nous dit :
« Je suis le Bon Pasteur,
et je donne ma vie pour mes brebis. »
(Jn 10, 11. 15)

Prière après la communion
Renouvelés par le corps et le sang de ton Fils, nous implorons ta bonté, Seigneur : fais qu'à jamais rachetés, nous possédions dans ton Royaume ce que nous célébrons en chaque eucharistie. Par Jésus… — ***Amen.***

INVITATION

On fait mémoire aujourd'hui des premiers martyrs de l'Église de Rome.
Je peux prier pour les martyrs d'hier et d'aujourd'hui.

MERCREDI 30 JUIN 2021

COMMENTAIRE

Le prix des valeurs humaines — Matthieu 8, 28-34

Jésus mène un combat contre le mal. Il sauve deux possédés de l'emprise d'esprits impurs : « Si tu nous expulses, envoie-nous dans le troupeau de porcs. » Au lieu d'être comblés par l'action bienfaisante de Jésus, les gens du pays préfèrent lui demander de s'éloigner au plus vite de leur territoire. Les valeurs humaines comptent-elles à nos yeux plus que les biens matériels ? ∎

Père Jean-Paul Musangania, assomptionniste

✣ CLÉ DE LECTURE

« Sois sans crainte » — Genèse 21, 17 *(p. 214)*

La même expression, déjà adressée à Abram (Gn 15, 1), revient ici pour Agar. Surprise du lecteur, car la tradition chrétienne a trop oublié cet épisode étonnant. Or, à la promesse de Dieu à Abraham vient répondre ici la promesse de Dieu à l'étrangère, la servante, dont le fils Ismaël doit devenir « une grande nation ». Cette scène est une étape pour Abraham dans l'apprentissage de la paternité, qui va être du même coup apprentissage du dépouillement. Abraham, qui a enfin pris en charge le sort de sa seconde compagne et celui de son fils Ismaël, doit cependant s'en séparer ; il devra aussi renoncer à Isaac. D'Agar, plus encore que de Sara, Abraham a appris qu'être père, c'est aussi ouvrir la main et, sans crainte, laisser aller un fils vers son avenir. ∎

Roselyne Dupont-Roc, bibliste

MERCREDI 30 JUIN 2021

Premiers martyrs de l'Église de Rome
Couleur liturgique : rouge

Ier siècle. Injustement accusés par Néron d'être responsables de l'incendie de Rome en l'an 64, de très nombreux chrétiens furent crucifiés, jetés aux fauves ou brûlés vifs.

Antienne d'ouverture
Ils se réjouissent dans les cieux, les saints qui ont suivi les traces du Christ ; et parce qu'ils ont répandu leur sang pour son amour, ils sont dans l'allégresse avec lui pour l'éternité.

Prière
Dieu qui as consacré par le sang des martyrs les magnifiques débuts de l'Église de Rome, fais que leur courage dans le combat nous obtienne une force inébranlable et la joie de la victoire. Par Jésus Christ… — **Amen.**

Prière sur les offrandes
Accepte, Seigneur, l'offrande que nous te présentons en faisant mémoire de tes saints martyrs ; et nous qui sommes tes serviteurs, rends-nous inébranlables dans la confession de ton nom. Par Jésus… — **Amen.**

Antienne de la communion
À ceux qui ont tenu bon avec lui dans les épreuves, le Seigneur déclare : « Je dispose pour vous du Royaume : vous mangerez et boirez à ma table dans mon Royaume. »
(cf. Lc 22, 28. 30)

Prière après la communion
Tu as fait briller en tes martyrs, Seigneur, la splendeur du mystère de la Croix ; maintenant que nous sommes fortifiés par ce sacrifice, accorde-nous de rester toujours unis au Christ, et de travailler dans l'Église au salut de tous les hommes. Par Jésus… — **Amen.**

La liturgie de la messe

OUVERTURE DE LA CÉLÉBRATION

Chant d'entrée
S'il n'y a pas de chant d'entrée, on dit l'antienne d'ouverture.

Le prêtre et les fidèles, debout, se signent, tandis que le prêtre dit :
Au nom du Père, et du Fils, et du Saint-Esprit. Amen.

Salutation
(1) La grâce de Jésus notre Seigneur, l'amour de Dieu le Père et la communion de l'Esprit Saint, soient toujours avec vous.
— *Et avec votre esprit.*

(2) Le Seigneur soit avec vous.
— *Et avec votre esprit.*

(3) Que Dieu notre Père et Jésus Christ notre Seigneur vous donnent la grâce et la paix.
— *Béni soit Dieu, maintenant et toujours !*

Préparation pénitentielle

(1) *Je confesse à Dieu*
Je confesse à Dieu tout-puissant, je reconnais devant mes frères,
que j'ai péché en pensée, en parole, par action et par omission;
oui, j'ai vraiment péché. C'est pourquoi je supplie la Vierge Marie,
les anges et tous les saints, et vous aussi, mes frères,
de prier pour moi le Seigneur notre Dieu.

(2) Seigneur, accorde-nous ton pardon. — ***Nous avons péché contre toi.***
Montre-nous ta miséricorde. — ***Et nous serons sauvés.***

(3) Seigneur Jésus, envoyé par le Père pour guérir et sauver les hommes,
prends pitié de nous. — ***Prends pitié de nous.***
Ô Christ, venu dans le monde appeler tous les pécheurs,
prends pitié de nous. — ***Prends pitié de nous.***
Seigneur, élevé dans la gloire du Père où tu intercèdes pour nous,
prends pitié de nous. — ***Prends pitié de nous.***

Que Dieu tout-puissant nous fasse miséricorde; qu'il nous pardonne
nos péchés et nous conduise à la vie éternelle. — ***Amen.***

Si l'on a choisi la 1re ou la 2e formule, on dit:
Seigneur, prends pitié. — ***Seigneur, prends pitié.***
Ô Christ, prends pitié. — ***Ô Christ, prends pitié.***
Seigneur, prends pitié. — ***Seigneur, prends pitié.***

Gloire à Dieu

Gloire à Dieu, au plus haut des cieux, et paix sur la terre aux hommes qu'il aime. Nous te louons, nous te bénissons, nous t'adorons, nous te glorifions, nous te rendons grâce, pour ton immense gloire, Seigneur Dieu, Roi du ciel, Dieu le Père tout-puissant.
Seigneur, Fils unique, Jésus Christ, Seigneur Dieu, Agneau de Dieu, le Fils du Père; toi qui enlèves le péché du monde, prends pitié de nous; toi qui enlèves le péché du monde, reçois notre prière; toi qui es assis à la droite du Père, prends pitié de nous.
Car toi seul es saint, toi seul es Seigneur, toi seul es le Très-Haut : Jésus Christ, avec le Saint-Esprit dans la gloire de Dieu le Père.
Amen.

Gloria in excelsis Deo et in terra pax hominibus bonae voluntatis. Laudamus te, benedicimus te, adoramus te. Glorificamus te. Gratias agimus tibi propter magnam gloriam tuam, Domine Deus, Rex caelestis, Deus Pater omnipotens. Domine Fili unigenite, Jesu Christe. Domine Deus, Agnus Dei, Filius Patris. Qui tollis peccata mundi, miserere nobis. Qui tollis peccata mundi, suscipe deprecationem nostram; qui sedes ad dexteram Patris, miserere nobis. Quoniam tu solus sanctus, tu solus Dominus, tu solus Altissimus, Jesu Christe, cum Sancto Spiritu : in gloria Dei Patris. Amen.

Prière

Voir à la date du jour.

LA LITURGIE - OUVERTURE DE LA CÉLÉBRATION

LITURGIE DE LA PAROLE

Voir à la date du jour.

Profession de foi

SYMBOLE DES APÔTRES

Je crois en Dieu, le Père tout-puissant, créateur du ciel et de la terre.

Et en Jésus Christ, son Fils unique, notre Seigneur,
qui a été conçu du Saint-Esprit, est né de la Vierge Marie,
a souffert sous Ponce Pilate, a été crucifié,
est mort et a été enseveli, est descendu aux enfers,
le troisième jour est ressuscité des morts, est monté aux cieux,
est assis à la droite de Dieu le Père tout-puissant,
d'où il viendra juger les vivants et les morts.

Je crois en l'Esprit Saint,
à la sainte Église catholique, à la communion des saints,
à la rémission des péchés, à la résurrection de la chair,
à la vie éternelle.

Amen.

Symbole de Nicée-Constantinople

Je crois en un seul Dieu, le Père tout-puissant,
créateur du ciel et de la terre, de l'univers visible et invisible.
Je crois en un seul Seigneur, Jésus Christ, le Fils unique de Dieu,
né du Père avant tous les siècles :
il est Dieu, né de Dieu, lumière, née de la lumière, vrai Dieu, né du vrai Dieu,
engendré, non pas créé, de même nature que le Père; et par lui tout a été fait.
Pour nous les hommes, et pour notre salut, il descendit du ciel;
par l'Esprit Saint, il a pris chair de la Vierge Marie, et s'est fait homme.
Crucifié pour nous sous Ponce Pilate,
   il souffrit sa passion et fut mis au tombeau.
Il ressuscita le troisième jour, conformément aux Écritures,
   et il monta au ciel; il est assis à la droite du Père.
Il reviendra dans la gloire, pour juger les vivants et les morts;
   et son règne n'aura pas de fin.
Je crois en l'Esprit Saint, qui est Seigneur et qui donne la vie;
   il procède du Père et du Fils;
avec le Père et le Fils, il reçoit même adoration et même gloire;
   il a parlé par les prophètes.
Je crois en l'Église, une, sainte, catholique et apostolique.
Je reconnais un seul baptême pour le pardon des péchés.
J'attends la résurrection des morts, et la vie du monde à venir.
Amen.

CREDO

Credo in unum Deum,
Patrem omnipotentem,
factorem caeli et terrae,
visibilium omnium et invisibilium.
Et in unum Dominum,
Jesum Christum,
Filium Dei unigenitum.
Et ex Patre natum ante omnia saecula.
Deum de Deo, lumen de lumine,
Deum verum de Deo vero.
Genitum non factum,
consubstantialem Patri,
per quem omnia facta sunt.
Qui propter nos homines,
et propter nostram salutem,
descendit de caelis.
Et incarnatus est de Spiritu Sancto
ex Maria Virgine,
et homo factus est.
Crucifixus etiam pro nobis sub Pontio
Pilato, passus, et sepultus est.
Et resurrexit tertia die,
secundum Scripturas.
Et ascendit in caelum,
sedet ad dexteram Patris.
Et iterum venturus est
cum gloria judicare vivos et mortuos;
cujus regni non erit finis.
Et in Spiritum Sanctum, Dominum,
et vivificantem :
qui ex Patre Filioque procedit;
Qui cum Patre et Filio
simul adoratur et conglorificatur :
qui locutus est per Prophetas.
Et unam sanctam catholicam
et apostolicam Ecclesiam.
Confiteor unum baptisma
in remissionem peccatorum.
Et expecto resurrectionem mortuorum,
et vitam venturi saeculi.

Amen.

Prière universelle

LITURGIE EUCHARISTIQUE

Préparation des dons
Tu es béni, Dieu de l'univers, toi qui nous donnes ce pain, fruit de la terre et du travail des hommes ; nous te le présentons : il deviendra le pain de la vie.
— ***Béni soit Dieu, maintenant et toujours !***
Comme cette eau se mêle au vin pour le sacrement de l'Alliance, puissions-nous être unis à la divinité de Celui qui a pris notre humanité.
Tu es béni, Dieu de l'univers, toi qui nous donnes ce vin, fruit de la vigne et du travail des hommes ; nous te le présentons : il deviendra le vin du Royaume éternel. — ***Béni soit Dieu, maintenant et toujours !***
Humbles et pauvres, nous te supplions, Seigneur, accueille-nous : que notre sacrifice, en ce jour, trouve grâce devant toi.
Lave-moi de mes fautes, Seigneur, purifie-moi de mon péché.
Prions ensemble, au moment d'offrir le sacrifice de toute l'Église.
— ***Pour la gloire de Dieu et le salut du monde.***

Prière sur les offrandes *Voir à la date du jour.*

Prière eucharistique
Le Seigneur soit avec vous. — ***Et avec votre esprit.***
Élevons notre cœur. — ***Nous le tournons vers le Seigneur.***
Rendons grâce au Seigneur notre Dieu. — ***Cela est juste et bon.***

Préfaces *(La numérotation des préfaces suit l'édition 1978 du Missel romain.)*

Les préfaces du mois de juin

1ʳᵉ préface des dimanches (20)
Mystère pascal et peuple de Dieu

Vraiment, il est juste et bon de te rendre gloire, de t'offrir notre action de grâce, toujours et en tout lieu, à toi, Père très saint, Dieu éternel et tout-puissant, par le Christ, notre Seigneur. Dans le mystère de sa Pâque, il a fait une œuvre merveilleuse : car nous étions esclaves de la mort et du péché, et nous sommes appelés à partager sa gloire ; nous portons désormais ces noms glorieux : nation sainte, peuple racheté, race choisie, sacerdoce royal ; nous pouvons annoncer au monde les merveilles que tu as accomplies, toi qui nous fais passer des ténèbres à ton admirable lumière. C'est pourquoi, avec les anges et les archanges, avec les puissances d'en haut et tous les esprits bienheureux, nous chantons l'hymne de ta gloire et sans fin nous proclamons : *Saint ! Saint ! Saint…*

2ᵉ préface des dimanches (21)
Le mystère du salut

Vraiment, il est juste et bon de te rendre gloire, de t'offrir notre action de grâce, toujours et en tout lieu, à toi, Père très saint, Dieu éternel et tout-puissant, par le Christ, notre Seigneur. Dans sa pitié pour notre misère, il a voulu naître d'une femme, la Vierge Marie. Par sa passion et sa croix, il nous a délivrés de la mort éternelle ; par sa résurrection d'entre les morts, il nous a donné la vie qui n'aura pas de fin. C'est pourquoi, avec les anges et les archanges, avec les puissances d'en haut et tous les esprits bienheureux, nous chantons l'hymne de ta gloire et sans fin nous proclamons : *Saint ! Saint ! Saint…*

2ᵉ préface commune (29)
Le salut par le Christ

Vraiment, il est juste et bon de te rendre gloire, de t'offrir notre action de

Les préfaces du mois de juin

grâce, toujours et en tout lieu, à toi, Père très saint, Dieu éternel et tout-puissant. Dans ta bonté, tu as créé l'homme, et, comme il avait mérité la condamnation, tu l'as racheté dans ta miséricorde, par le Christ, notre Seigneur. C'est par lui que les anges célèbrent ta grandeur, que les esprits bienheureux adorent ta gloire, que s'inclinent devant toi les puissances d'en haut, et tressaillent d'une même allégresse les innombrables créatures des cieux. À leur hymne de louange, laisse-nous joindre nos voix pour chanter et proclamer : *Saint ! Saint ! Saint…*

3e *préface commune* (30)

Création et relèvement de l'homme par Dieu
Vraiment, il est juste et bon de te rendre gloire, de t'offrir notre action de grâce, toujours et en tout lieu, à toi, Père très saint, Dieu éternel et tout-puissant. C'est par ton Fils bien-aimé que tu as créé l'homme ; et c'est encore par lui que tu en fais une créature nouvelle. Aussi, dans l'univers, toute chose te célèbre, le peuple des baptisés te glorifie, les saints te bénissent d'un seul cœur. Et déjà nous pouvons, avec tous les anges, proclamer hautement ta gloire : *Saint ! Saint ! Saint…*

2e *préface de la Vierge Marie* (35)

L'Église fait écho à l'action de grâce de Marie
Vraiment, Père très saint, il est bon de reconnaître ta gloire dans le triomphe de tes élus, et, pour fêter la Vierge Marie, de reprendre son cantique d'action de grâce : oui, tu as étendu ta miséricorde à tous les âges et révélé tes merveilles à la terre entière, en choisissant ton humble servante pour donner au monde un Sauveur, ton Fils, le Seigneur Jésus Christ. C'est par lui que les anges, assemblés devant toi, adorent ta gloire ; à leur hymne de louange, laisse-nous joindre nos voix pour chanter et proclamer : *Saint ! Saint ! Saint…*

Les préfaces du mois de juin

Préface des saints martyrs (38)
Signification et valeur exemplaire du martyre

Vraiment, il est juste et bon de te rendre gloire, de t'offrir notre action de grâce, toujours et en tout lieu, à toi, Père très saint, Dieu éternel et tout-puissant. Nous reconnaissons un signe éclatant de ta grâce dans le martyre de saint N.; en donnant sa vie comme le Christ, il a glorifié ton nom : c'est ta puissance qui se déploie dans la faiblesse quand tu donnes à des êtres fragiles de te rendre témoignage par le Christ, notre Seigneur. C'est pourquoi, avec les anges dans le ciel, nous pouvons te bénir sur la terre et t'adorer en (disant) chantant :

Saint ! Saint ! Saint…

Préface de saint Jean Baptiste

Vraiment, il est juste et bon de te rendre gloire, de t'offrir notre action de grâce, toujours et en tout lieu, à toi, Père très saint, Dieu éternel et tout-puissant. Nous chantons les merveilles que tu as accomplies pour le plus grand des enfants des hommes, Jean Baptiste, le Précurseur : avant même de naître, il tressaillit d'allégresse à l'approche du Sauveur ; en venant au monde il apportait une grande joie ; il fut, de tous les prophètes, celui qui désigna le Messie, l'Agneau de Dieu ; dans les eaux qui devaient en être sanctifiées il baptisa l'auteur du baptême ; enfin, il rendit au Christ le plus beau témoignage, le témoignage du martyre. C'est pourquoi, avec les puissances du ciel, nous pouvons te bénir sur la terre et t'adorer en chantant (disant) :

Saint ! Saint ! Saint…

1re préface des saints (41)
La gloire des saints

Vraiment, il est juste et bon de te rendre gloire, de t'offrir notre action de grâce, toujours et en tout lieu, à toi,

Les préfaces du mois de juin

Père très saint, Dieu éternel et tout-puissant. Car tu es glorifié dans l'assemblée des saints : lorsque tu couronnes leurs mérites, tu couronnes tes propres dons. Dans leur vie, tu nous procures un modèle, dans la communion avec eux, une famille, et dans leur intercession, un appui : afin que, soutenus par cette foule immense de témoins, nous courions jusqu'au bout l'épreuve qui nous est proposée et recevions avec eux l'impérissable couronne de gloire, par le Christ, notre Seigneur. C'est par lui que les anges célèbrent ta grandeur, que les esprits bienheureux adorent ta gloire, que s'inclinent devant toi les puissances d'en haut et tressaillent d'une même allégresse les innombrables créatures des cieux. À leur hymne de louange, laisse-nous joindre nos voix pour chanter et proclamer :

**Saint ! Saint !
Saint, le Seigneur,
Dieu de l'univers !
Le ciel et la terre
sont remplis de ta gloire.
Hosanna au plus haut des cieux.
Béni soit celui qui vient
au nom du Seigneur.
Hosanna au plus haut des cieux.**

*Sanctus, Sanctus, Sanctus
Dominus Deus Sabaoth
Pleni sunt caeli et terra gloria tua.
Hosanna in excelsis. Benedictus
qui venit in nomine Domini.
Hosanna in excelsis.*

- *Prière eucharistique 1*
«Père infiniment bon...»...................p. 230
- *Prière eucharistique 2*
«Toi qui es vraiment saint...»........p. 234
- *Prière eucharistique 3*
«Tu es vraiment saint...»..................p. 237
- *Prière eucharistique 4*
«Père très saint...».................................p. 240

LA LITURGIE - LES PRÉFACES

Prière eucharistique nº 1

Préfaces : p. 226

Père infiniment bon, toi vers qui montent nos louanges, nous te supplions par Jésus Christ, ton Fils, notre Seigneur, d'accepter et de bénir ✚ ces offrandes saintes.

Nous te les présentons avant tout pour ta sainte Église catholique : accorde-lui la paix et protège-la, daigne la rassembler dans l'unité et la gouverner par toute la terre ; nous les présentons en même temps pour ton serviteur le pape N., pour notre évêque N. et tous ceux qui veillent fidèlement sur la foi catholique reçue des Apôtres. Souviens-toi, Seigneur, de tes serviteurs (de N. et N.) et de tous ceux qui sont ici réunis, dont tu connais la foi et l'attachement. *(Silence)*

Nous t'offrons pour eux, ou ils t'offrent pour eux-mêmes et tous les leurs ce sacrifice de louange, pour leur propre rédemption, pour le salut qu'ils espèrent ; et ils te rendent cet hommage, à toi, Dieu éternel, vivant et vrai.

Dans la communion de toute l'Église, nous voulons nommer en premier lieu la bienheureuse Marie toujours Vierge, Mère de notre Dieu et Seigneur, Jésus Christ ; •••

Le dimanche :

Dans la communion de toute l'Église, en ce premier jour de la semaine, nous célébrons le jour où le Christ est ressuscité d'entre les morts ; et nous voulons nommer en premier lieu la bienheureuse Marie toujours Vierge, Mère de notre Dieu et Seigneur, Jésus Christ ; •••

Pour la Nativité de saint Jean Baptiste :

Dans la communion de toute l'Église, nous célébrons le jour

Prière eucharistique nº 1

de la naissance de saint Jean, le Précurseur, qui a préparé le chemin au Sauveur des hommes ; et nous voulons nommer en premier lieu la bienheureuse Marie toujours Vierge, Mère de notre Dieu et Seigneur, Jésus Christ ; ...

... saint Joseph, son époux, les saints Apôtres et Martyrs Pierre et Paul, André, [Jacques et Jean, Thomas, Jacques et Philippe, Barthélemy et Matthieu, Simon et Jude, Lin, Clet, Clément, Sixte, Corneille et Cyprien, Laurent, Chrysogone, Jean et Paul, Côme et Damien,] et tous les saints. Accorde-nous, par leur prière et leurs mérites, d'être, toujours et partout, forts de ton secours et de ta protection.

Voici l'offrande que nous présentons devant toi, nous, tes serviteurs, et ta famille entière, dans ta bienveillance, accepte-la.

Assure toi-même la paix de notre vie, arrache-nous à la damnation et reçois-nous parmi tes élus.

Sanctifie pleinement cette offrande par la puissance de ta bénédiction, rends-la parfaite et digne de toi : qu'elle devienne pour nous le corps et le sang de ton Fils bien-aimé, Jésus Christ, notre Seigneur.

La veille de sa passion, il prit le pain dans ses mains très saintes et, les yeux levés au ciel, vers toi, Dieu, son Père tout-puissant, en te rendant grâce il le bénit, le rompit, et le donna à ses disciples, en disant :
« Prenez, et mangez-en tous : ceci est mon corps livré pour vous. »
De même, à la fin du repas, il prit dans ses mains cette coupe incomparable ; et te rendant grâce à nouveau, il la bénit, et la donna à ses disciples en disant :

Prière eucharistique nº 1

« Prenez et buvez-en tous, car ceci est la coupe de mon sang, le sang de l'Alliance nouvelle et éternelle, qui sera versé pour vous et pour la multitude, en rémission des péchés. Vous ferez cela, en mémoire de moi. »

(1) Il est grand, le mystère de la foi :
Nous proclamons ta mort, Seigneur Jésus, nous célébrons ta résurrection, nous attendons ta venue dans la gloire.

(2) Quand nous mangeons ce pain et buvons à cette coupe, nous célébrons le mystère de la foi :
Nous rappelons ta mort,
Seigneur ressuscité,
et nous attendons que tu viennes.

(3) Proclamons le mystère de la foi :
Gloire à toi qui étais mort,
gloire à toi qui es vivant,
notre Sauveur et notre Dieu :
Viens, Seigneur Jésus !

C'est pourquoi nous aussi, tes serviteurs, et ton peuple saint avec nous, faisant mémoire de la passion bienheureuse de ton Fils, Jésus Christ, notre Seigneur, de sa résurrection du séjour des morts et de sa glorieuse ascension dans le ciel, nous te présentons, Dieu de gloire et de majesté, cette offrande prélevée sur les biens que tu nous donnes, le sacrifice pur et saint, le sacrifice parfait, pain de la vie éternelle et coupe du salut.

Et comme il t'a plu d'accueillir les présents d'Abel le Juste, le sacrifice de notre père Abraham, et celui que t'offrit Melchisédech, ton grand prêtre, en signe du sacrifice parfait, regarde cette offrande avec amour et, dans ta bienveillance, accepte-la.

Nous t'en supplions, Dieu tout-puissant : qu'elle soit portée par ton ange en présence de ta gloire, sur ton autel céleste, afin qu'en recevant ici, par notre communion à l'autel,

Prière eucharistique nº 1

le corps et le sang de ton Fils, nous soyons comblés de ta grâce et de tes bénédictions.

Souviens-toi de tes serviteurs (de N. et N.) qui nous ont précédés, marqués du signe de la foi, et qui dorment dans la paix...
(Silence)

Pour eux et pour tous ceux qui reposent dans le Christ, nous implorons ta bonté : qu'ils entrent dans la joie, la paix et la lumière. Et nous, pécheurs qui mettons notre espérance en ta miséricorde inépuisable, admets-nous dans la communauté des bienheureux Apôtres et Martyrs, de Jean Baptiste, Étienne, Matthias et Barnabé, [Ignace, Alexandre, Marcellin et Pierre, Félicité et Perpétue, Agathe, Lucie, Agnès, Cécile, Anastasie,] et de tous les saints. Accueille-nous dans leur compagnie, sans nous juger sur le mérite mais en accordant ton pardon, par Jésus Christ, notre Seigneur. C'est par lui que tu ne cesses de créer tous ces biens, que tu les bénis, leur donnes la vie, les sanctifies et nous en fais le don.

Par lui, avec lui et en lui, à toi, Dieu le Père tout-puissant, dans l'unité du Saint-Esprit, tout honneur et toute gloire, pour les siècles des siècles. — **Amen.**

(Communion : p. 244)

Prière eucharistique n° 2

Préface :

Vraiment, Père très saint, il est juste et bon de te rendre grâce, toujours et en tout lieu, par ton Fils bien-aimé, Jésus Christ : car il est ta Parole vivante, par qui tu as créé toutes choses ; c'est lui que tu nous as envoyé comme Rédempteur et Sauveur, Dieu fait homme, conçu de l'Esprit Saint, né de la Vierge Marie ; pour accomplir jusqu'au bout ta volonté et rassembler du milieu des hommes un peuple saint qui t'appartienne, il étendit les mains à l'heure de sa passion, afin que soit brisée la mort, et que la résurrection soit manifestée. C'est pourquoi, avec les anges et tous les saints, nous proclamons ta gloire, en chantant (disant) d'une seule voix :

(On peut aussi choisir une autre préface.)

**Saint ! Saint ! Saint, le Seigneur,
Dieu de l'univers !
Le ciel et la terre
sont remplis de ta gloire.
Hosanna au plus haut des cieux.
Béni soit celui qui vient
au nom du Seigneur.
Hosanna au plus haut des cieux.**

Toi qui es vraiment saint, toi qui es la source de toute sainteté, Seigneur, nous te prions : ...

Le dimanche :

Toi qui es vraiment saint, toi qui es la source de toute sainteté, nous voici rassemblés devant toi, et, dans la communion de toute l'Église, en ce premier jour de la semaine, nous célébrons le jour où le Christ est ressuscité d'entre les morts. Par lui que tu as élevé à ta droite, Dieu notre Père, nous te prions : ...

Prière eucharistique n° 2

Pour la Nativité de saint Jean Baptiste:
Toi qui es vraiment saint, toi qui es la source de toute sainteté, nous voici rassemblés devant toi, et, dans la communion de toute l'Église, nous célébrons le jour de la naissance de saint Jean le Précurseur, qui a préparé le chemin au Sauveur des hommes, le Christ Jésus, lui qui est venu après Jean, mais qui existait avant lui ; et maintenant, nous te prions, Seigneur : ...

... Sanctifie ces offrandes en répandant sur elles ton Esprit ; qu'elles deviennent pour nous le corps ✚ et le sang de Jésus, le Christ, notre Seigneur. Au moment d'être livré et d'entrer librement dans sa passion, il prit le pain, il rendit grâce, il le rompit et le donna à ses disciples, en disant :
« Prenez, et mangez-en tous : ceci est mon corps livré pour vous. »

De même, à la fin du repas, il prit la coupe ; de nouveau il rendit grâce, et la donna à ses disciples, en disant : « Prenez, et buvez-en tous, car ceci est la coupe de mon sang, le sang de l'Alliance nouvelle et éternelle, qui sera versé pour vous et pour la multitude en rémission des péchés. Vous ferez cela, en mémoire de moi. »

(1) Il est grand, le mystère de la foi :
Nous proclamons ta mort,
Seigneur Jésus,
nous célébrons ta résurrection,
nous attendons ta venue dans la gloire.

(2) Quand nous mangeons ce pain et buvons à cette coupe, nous célébrons le mystère de la foi :
Nous rappelons ta mort,
Seigneur ressuscité,
et nous attendons que tu viennes.

LA LITURGIE - PRIÈRES EUCHARISTIQUES

Prière eucharistique nº 2

(3) Proclamons le mystère de la foi :
Gloire à toi qui étais mort,
gloire à toi qui es vivant,
notre Sauveur et notre Dieu :
Viens, Seigneur Jésus !

Faisant ici mémoire de la mort et de la résurrection de ton Fils, nous t'offrons, Seigneur, le pain de la vie et la coupe du salut, et nous te rendons grâce, car tu nous as choisis pour servir en ta présence. Humblement, nous te demandons qu'en ayant part au corps et au sang du Christ, nous soyons rassemblés par l'Esprit Saint en un seul corps.

Souviens-toi, Seigneur, de ton Église répandue à travers le monde : fais-la grandir dans ta charité avec le pape N., notre évêque N., et tous ceux qui ont la charge de ton peuple. Souviens-toi aussi de nos frères qui se sont endormis dans l'espérance de la résurrection, et de tous les hommes qui ont quitté cette vie : reçois-les dans ta lumière, auprès de toi.

Sur nous tous enfin, nous implorons ta bonté : permets qu'avec la Vierge Marie, la bienheureuse Mère de Dieu, avec saint Joseph, son époux, avec les Apôtres et les saints de tous les temps qui ont vécu dans ton amitié, nous ayons part à la vie éternelle, et que nous chantions ta louange, par Jésus Christ, ton Fils bien-aimé.

Par lui, avec lui et en lui, à toi, Dieu le Père tout-puissant, dans l'unité du Saint-Esprit, tout honneur et toute gloire, pour les siècles des siècles. — *Amen.*

(Communion : p. 244)

Prière eucharistique n° 3

Préfaces : p. 226

Tu es vraiment saint, Dieu de l'univers, et toute la création proclame ta louange, car c'est toi qui donnes la vie, c'est toi qui sanctifies toutes choses, par ton Fils, Jésus Christ, notre Seigneur, avec la puissance de l'Esprit Saint ; et tu ne cesses de rassembler ton peuple, afin qu'il te présente partout dans le monde une offrande pure.

C'est pourquoi nous te supplions de consacrer toi-même les offrandes que nous apportons : …

Le dimanche :

C'est pourquoi nous voici rassemblés devant toi, et, dans la communion de toute l'Église, en ce premier jour de la semaine nous célébrons le jour où le Christ est ressuscité d'entre les morts. Par lui, que tu as élevé à ta droite, Dieu tout-puissant, nous te supplions de consacrer toi-même les offrandes que nous apportons : …

Pour la Nativité de saint Jean Baptiste :

C'est pourquoi nous voici rassemblés devant toi, et, dans la communion de toute l'Église, nous célébrons le jour de la naissance de saint Jean, le Précurseur, qui a préparé le chemin au Sauveur des hommes, le Christ Jésus, lui qui est venu après Jean, mais qui existait avant lui ; Dieu tout-puissant, nous te supplions de consacrer toi-même les offrandes que nous apportons : …

… Sanctifie-les par ton Esprit, pour qu'elles deviennent le corps ✠ et le sang de ton Fils Jésus Christ, notre Seigneur, qui nous a dit de célébrer ce mystère.

La nuit même où il fut livré, il prit le pain, en te rendant grâce il le

LA LITURGIE - PRIÈRES EUCHARISTIQUES

Prière eucharistique n° 3

bénit, il le rompit et le donna à ses disciples, en disant : « Prenez, et mangez-en tous : ceci est mon corps livré pour vous. »

De même, à la fin du repas, il prit la coupe, en te rendant grâce il la bénit, et la donna à ses disciples, en disant : « Prenez, et buvez-en tous, car ceci est la coupe de mon sang, le sang de l'Alliance nouvelle et éternelle, qui sera versé pour vous et pour la multitude en rémission des péchés. Vous ferez cela, en mémoire de moi. »

(1) Il est grand, le mystère de la foi :
Nous proclamons ta mort, Seigneur Jésus, nous célébrons ta résurrection, nous attendons ta venue dans la gloire.

(2) Quand nous mangeons ce pain et buvons à cette coupe, nous célébrons le mystère de la foi :
Nous rappelons ta mort, Seigneur ressuscité, et nous attendons que tu viennes.

(3) Proclamons le mystère de la foi :
Gloire à toi qui étais mort, gloire à toi qui es vivant, notre Sauveur et notre Dieu : Viens, Seigneur Jésus !

En faisant mémoire de ton Fils, de sa passion qui nous sauve, de sa glorieuse résurrection et de son ascension dans le ciel, alors que nous attendons son dernier avènement, nous présentons cette offrande vivante et sainte pour te rendre grâce.

Regarde, Seigneur, le sacrifice de ton Église, et daigne y reconnaître celui de ton Fils qui nous a rétablis dans ton Alliance ; quand nous serons nourris de son corps et de son sang et remplis de l'Esprit Saint, accorde-nous d'être un seul corps et un seul esprit dans le Christ.

Prière eucharistique n° 3

Que l'Esprit Saint fasse de nous une éternelle offrande à ta gloire, pour que nous obtenions un jour les biens du monde à venir, auprès de la Vierge Marie, la bienheureuse Mère de Dieu, avec saint Joseph, son époux, avec les Apôtres, les martyrs, [saint N.] et tous les saints, qui ne cessent d'intercéder pour nous.

Et maintenant, nous te supplions, Seigneur : par le sacrifice qui nous réconcilie avec toi, étends au monde entier le salut et la paix. Affermis la foi et la charité de ton Église au long de son chemin sur la terre : veille sur ton serviteur le pape N., et notre évêque N., l'ensemble des évêques, les prêtres, les diacres, et tout le peuple des rachetés. Écoute les prières de ta famille assemblée devant toi, et ramène à toi, Père très aimant, tous tes enfants dispersés.

Pour nos frères défunts, pour les hommes qui ont quitté ce monde, et dont tu connais la droiture, nous te prions : reçois-les dans ton Royaume, où nous espérons être comblés de ta gloire, tous ensemble et pour l'éternité, par le Christ, notre Seigneur, par qui tu donnes au monde toute grâce et tout bien.

Par lui, avec lui et en lui, à toi, Dieu le Père tout-puissant, dans l'unité du Saint-Esprit, tout honneur et toute gloire, pour les siècles des siècles. — ***Amen.***

(Communion : p. 244)

Prière eucharistique n° 4

Préface :

Vraiment, il est bon de te rendre grâce, il est juste et bon de te glorifier, Père très saint, car tu es le seul Dieu, le Dieu vivant et vrai : tu étais avant tous les siècles, tu demeures éternellement, lumière au-delà de toute lumière. Toi, le Dieu de bonté, la source de la vie, tu as fait le monde pour que toute créature soit comblée de tes bénédictions, et que beaucoup se réjouissent de ta lumière. Ainsi, les anges innombrables qui te servent jour et nuit se tiennent devant toi, et, contemplant la splendeur de ta face, n'interrompent jamais leur louange. Unis à leur hymne d'allégresse, avec la création tout entière qui t'acclame par nos voix, Dieu, nous te chantons :

*Saint ! Saint ! Saint, le Seigneur,
Dieu de l'univers !
Le ciel et la terre
sont remplis de ta gloire.
Hosanna au plus haut des cieux.
Béni soit celui qui vient
au nom du Seigneur.
Hosanna au plus haut des cieux.*

Père très saint, nous proclamons que tu es grand et que tu as créé toutes choses avec sagesse et par amour : tu as fait l'homme à ton image, et tu lui as confié l'univers, afin qu'en te servant, toi son Créateur, il règne sur la création.

Comme il avait perdu ton amitié en se détournant de toi, tu ne l'as pas abandonné au pouvoir de la mort. Dans ta miséricorde, tu es venu en aide à tous les hommes pour qu'ils te cherchent et puissent te trouver.

Tu as multiplié les alliances avec eux, et tu les as formés, par les prophètes, dans l'espérance du salut. Tu

Prière eucharistique n° 4

as tellement aimé le monde, Père très saint, que tu nous as envoyé ton propre Fils, lorsque les temps furent accomplis, pour qu'il soit notre Sauveur. Conçu de l'Esprit Saint, né de la Vierge Marie, il a vécu notre condition d'homme en toute chose, excepté le péché, annonçant aux pauvres la bonne nouvelle du salut ; aux captifs, la délivrance ; aux affligés, la joie.

Pour accomplir le dessein de ton amour, il s'est livré lui-même à la mort, et, par sa résurrection, il a détruit la mort et renouvelé la vie. Afin que notre vie ne soit plus à nous-mêmes, mais à lui qui est mort et ressuscité pour nous, il a envoyé d'auprès de toi, comme premier don fait aux croyants, l'Esprit qui poursuit son œuvre dans le monde et achève toute sanctification.

Que ce même Esprit Saint, nous t'en prions, Seigneur, sanctifie ces offrandes : qu'elles deviennent ainsi le corps ✛ et le sang de ton Fils dans la célébration de ce grand mystère, que lui-même nous a laissé en signe de l'Alliance éternelle.

Quand l'heure fut venue où tu allais le glorifier, comme il avait aimé les siens qui étaient dans le monde, il les aima jusqu'au bout : pendant le repas qu'il partageait avec eux, il prit le pain, il le bénit, le rompit et le donna à ses disciples, en disant :

« Prenez, et mangez-en tous : ceci est mon corps livré pour vous. »

De même, il prit la coupe remplie de vin, il rendit grâce et la donna à ses disciples, en disant :

« Prenez, et buvez-en tous, car ceci est la coupe de mon sang, le sang de l'Alliance nouvelle et éternelle, qui sera versé pour vous et pour la multitude, en rémission des péchés. Vous ferez cela, en mémoire de moi. »

Prière eucharistique n° 4

(1) Il est grand, le mystère de la foi :
Nous proclamons ta mort,
Seigneur Jésus,
nous célébrons ta résurrection,
nous attendons ta venue
dans la gloire.

(2) Quand nous mangeons ce pain et buvons à cette coupe, nous célébrons le mystère de la foi :
Nous rappelons ta mort,
Seigneur ressuscité,
et nous attendons que tu viennes.

(3) Proclamons le mystère de la foi :
Gloire à toi qui étais mort,
gloire à toi qui es vivant,
notre Sauveur et notre Dieu :
Viens, Seigneur Jésus !

Voilà pourquoi, Seigneur, nous célébrons aujourd'hui le mémorial de notre rédemption : en rappelant la mort de Jésus Christ et sa descente au séjour des morts, en proclamant sa résurrection et son ascension à ta droite dans le ciel, en attendant aussi qu'il vienne dans la gloire, nous t'offrons son corps et son sang, le sacrifice qui est digne de toi et qui sauve le monde.
Regarde, Seigneur, cette offrande que tu as donnée toi-même à ton Église ; accorde à tous ceux qui vont partager ce pain et boire à cette coupe d'être rassemblés par l'Esprit Saint en un seul corps, pour qu'ils soient eux-mêmes dans le Christ une vivante offrande à la louange de ta gloire.

Et maintenant, Seigneur, rappelle-toi tous ceux pour qui nous offrons le sacrifice : le pape N., notre évêque N. et tous les évêques, les prêtres et ceux qui les assistent, les fidèles qui présentent cette offrande, les membres de notre assemblée, le peuple qui t'appartient et tous les hommes

Prière eucharistique n° 4

qui te cherchent avec droiture. Souviens-toi aussi de nos frères qui sont morts dans la paix du Christ, et de tous les morts dont toi seul connais la foi.
À nous qui sommes tes enfants, accorde, Père très bon, l'héritage de la vie éternelle auprès de la Vierge Marie, la bienheureuse Mère de Dieu, auprès de saint Joseph, son époux, auprès des Apôtres et de tous les saints, dans ton Royaume, où nous pourrons, avec la création tout entière enfin libérée du péché et de la mort, te glorifier par le Christ, notre Seigneur, par qui tu donnes au monde toute grâce et tout bien.

Par lui, avec lui et en lui, à toi, Dieu le Père tout-puissant, dans l'unité du Saint-Esprit, tout honneur et toute gloire, pour les siècles des siècles. — *Amen.*

(Communion : page suivante)

COMMUNION

Notre Père

(1) Unis dans le même Esprit, nous pouvons dire avec confiance la prière que nous avons reçue du Sauveur :

(2) Comme nous l'avons appris du Sauveur et selon son commandement, nous osons dire :

> ### NOTRE PÈRE
> **Notre Père qui es aux cieux, que ton nom soit sanctifié,
> que ton règne vienne, que ta volonté soit faite sur la terre comme au ciel.
> Donne-nous aujourd'hui notre pain de ce jour. Pardonne-nous
> nos offenses, comme nous pardonnons aussi à ceux qui nous ont offensés.
> Et ne nous laisse pas entrer en tentation, mais délivre-nous du Mal.**

> ### PATER NOSTER
> *Pater Noster qui es in caelis, sanctificetur nomen tuum, adveniat regnum tuum,
> fiat voluntas tua sicut in caelo et in terra. Panem nostrum quotidianum da nobis
> hodie, et dimitte nobis debita nostra, sicut et nos dimittimus debitoribus nostris,
> et ne nos inducas in tentationem sed libera nos a malo.*

Délivre-nous de tout mal, Seigneur, et donne la paix à notre temps :
par ta miséricorde, libère-nous du péché, rassure-nous devant les épreuves

en cette vie où nous espérons le bonheur que tu promets et l'avènement de Jésus Christ, notre Sauveur. — *Car c'est à toi qu'appartiennent le règne, la puissance et la gloire pour les siècles des siècles !*

Échange de la paix

Seigneur Jésus Christ, tu as dit à tes Apôtres : « Je vous laisse la paix, je vous donne ma paix » : ne regarde pas nos péchés mais la foi de ton Église ; pour que ta volonté s'accomplisse, donne-lui toujours cette paix, et conduis-la vers l'unité parfaite, toi qui règnes pour les siècles des siècles. — *Amen.*
Que la paix du Seigneur soit toujours avec vous. — *Et avec votre esprit.*
Frères et sœurs, dans la charité du Christ, donnez-vous la paix.

Fraction du pain

Agneau de Dieu
Agneau de Dieu, qui enlèves le péché du monde, prends pitié de nous. *(bis)*
Agneau de Dieu, qui enlèves le péché du monde, donne-nous la paix.

Agnus Dei
Agnus Dei qui tollis peccata mundi, miserere nobis. (bis)
Agnus Dei qui tollis peccata mundi, dona nobis pacem.

Communion

Le prêtre complète, à voix basse, sa préparation personnelle à la communion :

(1) Seigneur Jésus Christ, Fils du Dieu vivant, selon la volonté du Père et avec la puissance du Saint-Esprit, tu as donné, par ta mort, la vie au monde; que ton corps et ton sang me délivrent de mes péchés et de tout mal; fais que je demeure fidèle à tes commandements et que jamais je ne sois séparé de toi.
(2) Seigneur Jésus Christ, que cette communion à ton corps et à ton sang n'entraîne pour moi ni jugement ni condamnation; mais qu'elle soutienne mon esprit et mon corps et me donne la guérison.

Montrant aux fidèles le pain eucharistique, le prêtre invite à la communion:
Heureux les invités au repas du Seigneur !
Voici l'Agneau de Dieu qui enlève le péché du monde.
— *Seigneur, je ne suis pas digne de te recevoir;*
mais dis seulement une parole et je serai guéri.

Chant de communion ou antienne de la communion.

Prière après la communion voir à la date du jour.

CONCLUSION DE LA CÉLÉBRATION

Le Seigneur soit avec vous. — *Et avec votre esprit.*
Que Dieu tout-puissant vous bénisse,
le Père, et le Fils ✚ et le Saint-Esprit. — *Amen.*
Le diacre ou le prêtre dit:
Allez, dans la paix du Christ. — *Nous rendons grâce à Dieu.*

Chants pour la célébration

Les chants en rouge sont consultables à la page indiquée.
Les chants en noir sont référencés avec leur cote SECLI.

Ouverture	Renvoi	Communion / Action de grâce	Renvoi
Nous formons un même corps	p. 248	Pain donné pour notre vie	D32-10
Dieu nous accueille en sa maison	p. 249	Voici le Corps et le Sang du Seigneur	D44-80
Peuple de Dieu, marche joyeux	K180	Pange lingua	p. 255
Adveniat regnum tuum	p. 250	Pain de Dieu, pain de vie	D381
À l'image de ton amour	X971	Grain de blé	p. 257
Dieu nous a tous appelés	p. 251	Vienne ton règne sur la terre	DEV349
Écoute la voix du Seigneur	p. 252	C'est toi, Seigneur, le pain rompu	D293
Ne craignez pas	R559	Si la mer se déchaîne	p. 257
Vous tous qui peinez	U13-2	Ta grâce	p. 256
Appelés enfants de Dieu	p. 253	Fiez-vous en lui	p. 249
Laisserons-nous à notre table	D577	Prenez et mangez	p. 258
Que ma bouche chante ta louange	p. 254	La Sagesse a dressé une table	D580

Suggestions pour juin 2021 proposées par le P. Thibault Van Den Driessche, avec *Chantons en Église*

🎵 CHANTS

Nous formons un même corps (Communion)
C105; T. et M. : J.-P. Lecot; Lethielleux.

① **Je suis le pain vivant descendu du ciel.**
Qui mange de ce pain vivra pour toujours,
et ce pain que je vous donne, c'est ma chair.
Livrée pour la vie du monde.

② **La nuit où il fut livré, le Seigneur prit du pain.**
Il rendit grâce et le rompit en disant :
ceci est mon corps livré pour vous.
Faites ceci en mémoire de moi.

③ **À la fin du repas, Jésus prit la coupe en disant :**
voici la coupe de la Nouvelle Alliance.
Faites ceci en mémoire de moi.
Ainsi vous annoncez la mort du Seigneur jusqu'à son retour.

④ **Le corps est un, mais il y a plusieurs membres,**
qui malgré leur nombre ne font qu'un seul corps.
Nous avons été baptisés dans un seul Esprit
pour être un seul corps abreuvé au même Esprit.

④ **Il n'y a qu'un seul corps et un seul Esprit.**
De même que notre vocation nous appelle à une même espérance.
Un seul Seigneur, une seule foi, un seul baptême.
Un seul Dieu et Père qui agit et demeure en tous.

Retrouvez d'autres chants sur www.chantonseneglise.fr

Dieu nous accueille en sa maison (Ouverture)
A174; T. : J.-P. Lecot; M. : J.-P. Lecot, G.-P. Palestrina (XVIe siècle); Lethielleux (DDB).

Refrain : **Dieu nous accueille en sa maison, Dieu nous invite à son festin :
jour d'allégresse et jour de joie ! Alléluia !**

1. Criez de joie pour notre Dieu,
chantez pour lui, car il est bon, car éternel est son amour.

2. Avec Jésus, nous étions morts ;
avec Jésus, nous revivrons, nous avons part à sa clarté.

3. « Si tu savais le don de Dieu »,
si tu croyais en son amour, tu n'aurais plus de peur en toi.

LA LITURGIE - LES CHANTS

Fiez-vous en lui (Action de grâce)
T. et M. : Communauté de Taizé ; Ateliers et Presses de Taizé.

🎵 CHANTS

Adveniat regnum tuum (Ouverture)
M55-82; T. : J. Nieuviarts; M. : M. Wackenheim; Bayard liturgie.

Refrain: **Adveniat regnum tuum, que ton règne vienne parmi nous !**
Adveniat, adveniat, que ton règne vienne parmi nous !

① **Ton fils épelle en nous les mots**
du temps béni des renouveaux.
Son nom, ses gestes ont goût
d'en haut,
il est reflet de ta beauté.

② **Tu dis un monde à enchanter**
de gestes forts et d'amitié.
Bonheur à l'artisan de paix,
il est reflet de ta beauté.

③ **Tu fais le choix des plus petits,**
tu nous apprends à les bénir.
Tu aimes l'homme au cœur contrit,
il est reflet de ta beauté.

④ **Tu romps le pain pour l'affamé,**
tu rends courage à l'épuisé.
Tu es la joie du cœur brisé,
il est reflet de ta beauté.

⑤ **Tu ouvres au pauvre ta maison,**
sur lui tu fais briller ton nom.
Heureux le cœur de compassion,
il est reflet de ta beauté.

Dieu nous a tous appelés (Ouverture)

KD14-56-1; T. : CNPL/D. Rimaud; M. : J. Berthier; ADF – Studio SM.

Refrain : **Nous sommes le corps du Christ,
chacun de nous est un membre de ce corps.
Chacun reçoit la grâce de l'Esprit pour le bien du corps entier.** *(bis)*

① **Dieu nous a tous appelés à tenir la même espérance,
pour former un seul corps baptisé dans l'Esprit.
Dieu nous a tous appelés à la même sainteté,
pour former un seul corps baptisé dans l'Esprit.**

② **Dieu nous a tous appelés des ténèbres à sa lumière,
pour former un seul corps baptisé dans l'Esprit.
Dieu nous a tous appelés à l'amour et au pardon,
pour former un seul corps baptisé dans l'Esprit.**

③ **Dieu nous a tous appelés à chanter sa libre louange,
pour former un seul corps baptisé dans l'Esprit.
Dieu nous a tous appelés à l'union avec son Fils,
pour former un seul corps baptisé dans l'Esprit.**

④ **Dieu nous a tous appelés à la paix que donne sa grâce,
pour former un seul corps baptisé dans l'Esprit.
Dieu nous a tous appelés sous la croix de Jésus Christ,
pour former un seul corps baptisé dans l'Esprit.**

CHANTS

Écoute la voix du Seigneur (Ouverture)
X548 ; T. : D. Rimaud ; M. : J. Berthier ; Studio SM.

① **Écoute la voix du Seigneur, prête l'oreille de ton cœur.**
Qui que tu sois ton Dieu t'appelle, qui que tu sois, il est ton Père.

Refrain : **Toi qui aimes la vie, ô toi qui veux le bonheur,**
réponds en fidèle ouvrier, de sa très douce volonté.
réponds en fidèle ouvrier, de l'Évangile et de sa paix.

② **Écoute la voix du Seigneur, prête l'oreille de ton cœur.**
Tu entendras que Dieu fait grâce, tu entendras l'esprit d'audace.

② **Écoute la voix du Seigneur, prête l'oreille de ton cœur.**
Tu entendras crier les pauvres, tu entendras gémir ce monde.

④ **Écoute la voix du Seigneur, prête l'oreille de ton cœur.**
Tu entendras grandir l'Église, tu entendras sa paix promise.

⑤ **Écoute la voix du Seigneur, prête l'oreille de ton cœur.**
Qui que tu sois fais-toi violence, qui que tu sois, rejoins ton frère.

Retrouvez d'autres chants sur www.chantonseneglise.fr

Appelés enfants de Dieu (Ouverture)
Y35-10 ; T. et M. : D.-M. David, L.-E. Labarthe ; Éd. de L'Emmanuel.

Refrain : **Béni soit Dieu le Père de Jésus le Seigneur,
par son Fils bien-aimé, il nous a tout donné.
Comme il est grand l'amour dont il nous a comblés
pour que nous soyons appelés « enfants de Dieu ».**

1. **Père saint, Dieu vivant et vrai, tu étais avant tous les siècles.
Tu demeures éternellement, lumière au-delà de toute lumière.**

2. **Dieu très grand, source de la vie, tu as fait l'homme à ton image.
Tu lui as confié l'univers, pour qu'en te servant, il règne sur terre.**

3. **Dieu très bon, Père plein d'amour, nous étions perdus loin de toi.
Tu es venu nous rechercher, tu nous as montré ta fidélité.**

4. **En ces temps qui sont les derniers, en ton Fils, tu as tout donné.
Il a pris notre humanité, pour que nous soyons tes fils bien-aimés.**

5. **Pour que nos vies soient tout à lui, il nous a envoyé l'Esprit.
Il demeure en chacun de nous ; soyons les témoins du Règne qui vient !**

CHANTS

Que ma bouche chante ta louange (Ouverture)
EDIT18-38 ; T. et M. : Communauté de l'Emmanuel (F. Debœuf) ; L'Emmanuel.

① De toi, Seigneur, nous attendons la vie, que ma bouche chante ta louange.
Tu es pour nous un rempart, un appui, que ma bouche chante ta louange.
La joie du cœur vient de toi ô Seigneur, que ma bouche chante ta louange.
Notre confiance est dans ton nom très saint ! Que ma bouche chante ta louange.

Refrain : **Sois loué Seigneur, pour ta grandeur, sois loué pour tous tes bienfaits.
Gloire à toi Seigneur, tu es vainqueur, ton amour inonde nos cœurs.
Que ma bouche chante ta louange.**

② Seigneur, tu as éclairé notre nuit, que ma bouche chante ta louange.
Tu es lumière et clarté sur nos pas, que ma bouche chante ta louange.
Tu affermis nos mains pour le combat, que ma bouche chante ta louange.
Seigneur tu nous fortifies dans la foi ! Que ma bouche chante ta louange.

③ Tu viens sauver tes enfants égarés, que ma bouche chante ta louange.
Qui dans leur cœur espèrent en ton amour, que ma bouche chante ta louange.
Dans leur angoisse, ils ont crié vers toi, que ma bouche chante ta louange.
Seigneur tu entends le son de leur voix ! Que ma bouche chante ta louange.

④ Des ennemis, toi tu m'as délivré, que ma bouche chante ta louange.
De l'agresseur, tu m'as fait triompher, que ma bouche chante ta louange.
Je te rends grâce au milieu des nations, que ma bouche chante ta louange.
Seigneur, en tout temps, je fête ton nom ! Que ma bouche chante ta louange.

Pange lingua *(Action de grâce)* EDIT15-59; couplets : T. : liturgie catholique romaine ; refrain : T. et M. : Chants de l'Emmanuel (W. Wittal) ; L'Emmanuel.

② Nobis datus, nobis natus ex intacta Virgine,
et in mundo conversatus, sparso Verbi semine,
sui moras incolatus miro clausit ordine.

③ In supremæ nocte cenæ recumbens cum gratibus,
observata lege plene cibis in legalibus,
cibum turbæ duodenæ se dat suis manibus.

🎼 CHANTS

Ta grâce (Action de grâce)
T. et M. : B. et Th. Pouzin ; Glorious.

Retrouvez d'autres chants sur www.chantonseneglise.fr

Grain de blé (Action de grâce)
GX510 ; Chemin neuf ; Artemas.

1. Grain de blé qui tombe en ter-re, si tu ne meurs pas,
   tu res-te-ras so-li-tai-re, ne ger-me-ras pas.
2. Qui à Jé-sus s'a-ban-don-ne trou-ve la vraie vie,
   heu-reux l'hom-me qui se don-ne, il se-ra bé-ni.

Si la mer se déchaîne (Action de grâce)
Anonyme ; DP.

Refrain : **Il n'a pas dit que tu coulerais, il n'a pas dit que tu sombrerais.
Il a dit : « Allons de l'autre bord, allons de l'autre bord. »**

① Si la mer se déchaîne,
si le vent souffle fort,
si la barque t'entraîne,
n'aie pas peur de la mort. *(bis)*

② Si ton cœur est en peine,
si ton corps est souffrant,
crois en Jésus, il t'aime,
il te donne sa paix. *(bis)*

Chants

Prenez et mangez *(Communion)*
D52-67 ; T. et M. : *Chants de l'Emmanuel* (A. Broeders) ; Éd. de l'Emmanuel.

Refrain : **Prenez et mangez, ceci est mon corps,
prenez et buvez, voici mon sang !
Ouvrez vos cœurs !
Vous ne serez plus jamais seuls : je vous donne ma vie.**

1. Demeurez en moi, comme je demeure en vous,
qui demeure en mon amour, celui-là portera du fruit.
Comme Dieu, mon Père, ainsi je vous ai aimés.
Gardez mes paroles, vous recevrez ma joie !

2. Je vous ai choisis pour que vous portiez du fruit.
Gardez mon commandement et vous demeurerez en moi.
Comme je vous aime, aimez-vous d'un seul Esprit.
Je vous donne ma vie : vous êtes mes amis !

3. Je vous enverrai l'Esprit Saint, le Paraclet.
Il vous conduira au Père et fera de vous des témoins.
Cherchez, vous trouverez, demandez, vous obtiendrez,
afin que le Père soit glorifié en vous !

Format : 10 x 15.5 cm
De septembre 2021 à septembre 2022

POUR PLACER L'ÉVANGILE AU CŒUR DE VOS JOURNÉES

L'agenda
2021-2022

11€,90

- Le calendrier liturgique de l'année
- Chaque jour : Une citation et les références des textes du jour
- Un répertoire amovible de 32 pages

Un agenda unique sur le marché, de FABRICATION FRANÇAISE depuis 60 ans
conçu par Prions en Église et Quo Vadis

Prions en Église   Quo Vadis

Disponible à partir du 5 mai en librairie ou sur librairie-bayard.com/agendaseptembre2122
Par téléphone au 01 74 31 15 09

Code offre : B172404

CROISIÈRE-PÈLERINAGE D'EXCEPTION

UNE SÉLECTION — Prions en Église

ORGANISATION — RIVAGES DU MONDE

LE RHIN DES CATHÉDRALES

À la découverte du patrimoine spirituel et culturel de la vallée rhénane

DU 14 AU 21 NOVEMBRE 2021

LES POINTS FORTS

- La découverte des joyaux du Rhin : Amsterdam, Cologne, Coblence, Rüdesheim, Heidelberg, Strasbourg
- Une animation spirituelle
- Des conférences et des ateliers
- Excursions incluses

AVEC VOUS À BORD

FABIENNE MARTET
Musicologue. Animatrice liturgique de la croisière.

PÈRE SÉBASTIEN ANTONI
Assomptionniste, journaliste numérique au secteur religieux de Bayard et du Pèlerin. Animateur spirituel.

À BORD DU M/S OLYMPIA

COVID 19 - Voyagez sereinement. En fonction de l'évolution de la pandémie, un protocole sanitaire optimal sera mis en place par Rivages du Monde

DOCUMENTATION GRATUITE AU 01 58 36 08 31 (CODE PEE14) OU WWW.RIVAGESDUMONDE/PELERIN.FR

JUIN 2021
LES RENDEZ-VOUS

Inspirations bibliques
Père Jacques Nieuviarts p. 262

Trésors de la liturgie
Sœur Emmanuelle Billoteau p. 267

Question de Dieu
Sœur Anne Lécu p. 264

Sagesses du désert
Jean-Guilhem Xerri p. 270

Témoignage de lecteur p. 272	**Reportage** p. 278
Question de foi p. 274	**Messes TV radio** p. 281
Pèlerinage p. 275	**Culture** p. 282
Église du monde p. 276	**Agenda** p. 285

Photos : 1 : P.-E. Charon ; 2 : F. Brochoire/Signatures ; 3 : DR ; 4 : CIRIC.

INSPIRATIONS BIBLIQUES
Père Jacques Nieuviarts, assomptionniste

Laisser l'Esprit prendre les gouvernes

Comme les gouvernes qui assurent une bonne trajectoire aux avions, l'Esprit agit et oriente nos vies, si nous acceptons de lâcher prise.

Juin. Mais pourquoi donc, après des mois plutôt rudes, j'imaginerais volontiers les vacances avant l'heure ? Envie de grands espaces, de marche, d'air vif, de paysages, d'oubli du quotidien pour retrouver les saveurs, le goût… et somme toute le repos intérieur. Après tout, il n'est pas interdit d'y penser. Et d'y trouver même des vertus spirituelles. Je relis à l'instant ces quelques mots d'un bon ami jésuite longtemps rédacteur en chef de la revue *Christus*, Remi de Maindreville : « La vie, écrit-il, n'est pas seulement combat ou ascèse, comme disent les maîtres spirituels. Elle est aussi amour de la vie, et donc discernement de ce qui l'enrichit, la développe et la partage, au détriment de ce qui la contient, la blesse ou la détruit. Combattre pour qu'une vie plus juste et digne advienne pour soi-même et pour autrui, n'est-ce pas le propre de toute vie spirituelle ? »

Me voilà donc en bonne compagnie pour vadrouiller aux chemins buissonniers où Dieu, souvent, se révèle. Quand tout est laissé à son mouvement propre, lorsqu'on lâche prise – grand mot de la vie spirituelle, l'Esprit prend volontiers les gouvernes. J'emprunte ce mot à l'aéronautique. Il désigne les commandes qui permettent de modifier la trajectoire, ou encore de corriger certains effets dynamiques parfois nuisibles, précise le site *volez. net*, ou encore de contrôler la stabilité de l'avion et de rectifier l'effet des turbulences. Voilà de nombreux termes que l'on retrouverait assez volontiers dans le domaine spirituel, quand il s'agit de laisser l'Esprit guider notre vie. « Je mets devant toi la vie ou la mort, dit le Seigneur, la bénédiction ou la malédiction. Choisis donc la vie » (cf. Dt 30, 15. 19). L'aide de l'Esprit n'est pas superflue pour bien orienter notre vie.

Au terme d'une année qui aura été rude, il faut nous poser et éprouver les chemins pris, ce qu'ils ont permis, ce qui ne fut pas possible, ce que certains choix, aussi, ont entraîné de pesanteur, afin d'alléger le poids de nos vies, les émonder. Un travail bienvenu au seuil de l'été. Il nous faut vérifier les gouvernes, afin de les laisser libres pour déployer pleinement nos vies dans le souffle de l'Esprit. Ce ne sont pas encore les préparatifs estivaux, mais une bonne préparation du bagage spirituel. Le travail intérieur pourra se poursuivre sur les chemins de l'été. ■

> « Combattre pour qu'une vie plus juste et digne advienne pour soi-même et pour autrui, n'est-ce pas le propre de toute vie spirituelle ? »

QUESTION DE DIEU

Sœur Anne Lécu, dominicaine

« Penses-tu que je suis comme toi ? »

La question de Dieu dans le psaume 49 (50) interroge notre rapport à la Parole. Pourrions-nous vraiment être comme Dieu ?

Après s'être adressé à ses fidèles, Dieu s'adresse à l'impie dans le psaume 49. Il n'est pas dit que ce soit un interlocuteur différent, tant nous faisons tous l'expérience d'être en nous-mêmes mêlés de fidélité et d'indifférence. Qui est l'impie ? Le psaume est très clair, c'est celui qui « récite les lois » de Dieu, « garde [son] alliance à la bouche », et dans le même temps « livre [sa] bouche au mal », « trame des mensonges [avec sa langue] », et « diffame [son] frère ». À la suite de ce réquisitoire, le Seigneur s'interroge : « Voilà ce que tu fais ; garderai-je silence ? » (Ps 49 [50], 21). Ce qui est en cause, c'est notre rapport à la Parole.

Depuis la Création du monde, lorsque Dieu dit, il fait. Il n'y a pas de hiatus en sa parole. Elle est toujours efficace, jamais tordue, jamais vide. Quand il dit « Je t'aime », c'est vrai. Quand il dit « Je te pardonne », le pardon a lieu, en vérité. Les ordres de Jésus dans les évangiles ont cette même force. « Venez derrière moi », et des hommes se lèvent pour le suivre (Mc 1, 17). « Sois purifié » et le lépreux s'en va guéri (Mc 1, 41). « Tais-toi », le vent tombe et la mer se calme (Mc 4, 39). « Va en paix » et la femme qui a eu le culot de toucher le vêtement de Jésus est délivrée de son mal (Mc 5, 34).

Mais il arrive que la parole de Jésus rencontre une résistance. Quelque chose de bloqué dans l'interlocuteur qui ne laisse pas la parole faire son œuvre. Le riche jeune homme, alors qu'il observe depuis son enfance les commandements, entend les ordres de Jésus, lequel ne lésine pas : « Va, vends, donne, viens, suis-moi ». …

Le jeune homme riche, miniature du Codex de Predis (1476), Bibliothèque royale, Turin (Italie).

Ancienne Alliance

Penses-tu que je suis comme toi ? […] Comprenez donc, vous qui oubliez Dieu : […] « Qui offre le sacrifice d'action de grâce, celui-là me rend gloire : sur le chemin qu'il aura pris, je lui ferai voir le salut de Dieu. »   Psaume 49, 21-23

QUESTION DE DIEU

... Mais voilà, il ne peut pas, ne veut pas, n'y arrive pas, car « il a de grands biens », et donc de grands liens (Mc 10, 21-22). L'adéquation entre les commandements qu'il observe attentivement et ses actes ne se fait pas. La Parole ne déclenche rien dans sa vie. A contrario, l'aveugle de naissance se dresse d'un coup à la parole de Jésus, il bondit à l'ordre reçu : « Dresse-toi, il t'appelle ! » (Mc 10, 49). C'est là que retentit la question du psaume : « Penses-tu que je suis comme toi ? » « La parole a pour moi un effet, et pour toi ? » Nous avons pourtant été créés à l'image et ressemblance de Dieu. Nous pourrions donc être « comme lui » ? mais comment ? Peut-être nous faut-il renoncer à croire que l'observance des commandements est un préalable à la rencontre avec Dieu. Peut-être nous faut-il apprendre qu'elle en est au contraire la conséquence, une forme de remerciement pour ses dons, qui se manifeste dans la recherche d'une cohérence entre nos actes et nos paroles ? ■

Nouvelle Alliance

Les scribes et les pharisiens enseignent dans la chaire de Moïse. Donc, tout ce qu'ils peuvent vous dire, faites-le et observez-le. Mais n'agissez pas d'après leurs actes, car ils disent et ne font pas.

Matthieu 23, 2-3

TRÉSORS DE LA LITURGIE
Sœur Emmanuelle Billoteau, ermite

Les trésors du cœur de Dieu

En ce mois de juin, nous célébrons la fête du Sacré-Cœur de Jésus, qui peut passer inaperçue puisqu'elle tombe en semaine. Si elle suscite la ferveur de certains, d'autres l'associent aux images de piété ou à l'architecture religieuse du XIXe siècle, y voyant les relents d'un passé à oublier. Mais que signifie-t-elle ?

La fête du Sacré-Cœur a été promulguée officiellement au XVIIIe siècle et donc tardivement. Ce qui ne veut pas dire qu'avant cette date personne ne se soit intéressé à ce qu'elle recouvre. Dans la Bible, il est question du « cœur de Dieu » siège de la conscience, de la réflexion, des affects. Plusieurs textes témoignent de l'intérêt que portaient déjà les chrétiens au « sacré cœur », même s'ils n'employaient pas forcément cette expression. Pour saint Anselme (XIe s.), la « bonté » de Dieu « rayonne du cœur blessé » (D. S.). Guillaume de Saint-Thierry (XIIe s.) parle de la blessure du côté en disant qu'elle est « la porte de l'arche qui est faite […] pour entrer tout entier jusqu'au cœur même de Jésus, dans…

TRÉSORS DE LA LITURGIE

... le saint des saints [...] jusqu'à l'urne d'or [...] contenant en soi la manne de la divinité » *(La contemplation de Dieu*, Cerf). Car lorsque l'on contemple Jésus, on contemple le Verbe fait chair – la chair revêtue par la deuxième personne de la Trinité. Saint Bonaventure (XIIIᵉ s.), dans *L'Arbre de vie* (Éd. Franciscaines), s'arrête au côté percé par la lance : « le sang coula avec l'eau [...]. Jailli de sa source, c'est-à-dire du plus profond du cœur, ce sang donnait force aux sacrements de l'Église pour conférer la vie et la grâce... » Il faudrait encore citer Gertrude d'Helfta et, plus proche de nous, sainte Marguerite Marie Alacoque (XVIIᵉ s.) qui a joué un rôle déterminant dans la promulgation de cette fête.

Les textes de la fête

Les textes de la Bible choisis pour la célébration, en cette année liturgique B sont particulièrement riches *(voir p. 81)*. Osée nous invite à contempler un Dieu « qui prend soin » d'Israël, lui prodiguant sa tendresse. Aux antipodes d'un Dieu lointain, surplombant, indifférent, il s'émeut du parcours de son peuple. Les images peuvent évoquer un père ou une mère attentionnés, sans tomber pour autant dans le sentimentalisme puisque Dieu reste Dieu, le Tout-Autre, le Saint, un terme qui connote la « séparation ».

Le cantique qui lui répond et surtout son refrain laissent entendre que le cœur de Dieu est la source d'où découle le salut offert à chacun, lui permettant de passer de la crainte à l'amour. Puis Paul oriente notre méditation vers le Christ qui nous révèle, comme jamais auparavant, la profondeur de l'amour de Dieu dont le cœur est le symbole. Enfin l'évangile de Jean nous conduit au pied de la Croix car, du côté transpercé de Jésus, jaillissent le sang et l'eau qui renvoient à la fécondité, à la vie. Un récit qui a inspiré les auteurs spirituels évoqués ci-dessus et les pièces liturgiques.

Ces dernières quant à elles, orientent l'écoute des textes bibliques et expriment la « couleur » de la fête. L'antienne d'ouverture rapproche deux versets du psaume 32 (33) et peut nous réconcilier avec l'expression de « volonté de Dieu », parfois ressentie comme menaçante. Les pensées de son cœur sont de « délivrer de la mort ceux qui espèrent son amour », de « les garder en vie aux jours de famine » – famine concrète et famine de sens, famine de solidarité, d'empathie… La première prière reprend la thématique du cœur « source », pour nous inviter à implorer la plénitude de la grâce de Dieu, ce qui revient à faire l'expérience de son amour. Amour qui s'est révélé dans le don que le Fils a fait de sa vie. Ce que nous rappellent la prière sur les offrandes et la préface propre de la fête : « Il s'est offert lui-même pour nous ; et de son côté transpercé, laissant jaillir l'eau et le sang, il fit naître les sacrements de l'Église, pour que tous les hommes attirés vers son cœur, viennent puiser la joie aux sources vives du salut. » La mention des sacrements de l'Église prévient la tentation d'intimisme quand l'ensemble suggère le caractère éminemment personnel de l'attrait et de la réponse d'amour. ■

> *Le cœur de Dieu est la source d'où découle le salut offert à chacun.*

SAGESSES DU DÉSERT

Jean-Guilhem Xerri, auteur de *(Re)vivez de l'intérieur,* Les éditions du Cerf, 2019

Le souvenir de la mort

Selon les Pères du désert, regarder la mort en face permet de faire le point sur sa vitalité, notamment.

« Abba, à quoi peut bien servir de penser si souvent à sa mort ? » demanda un disciple à un Père du désert. Dans leur arsenal de pratiques spirituelles, les Pères mettaient en bonne place la mémoire de la mort. Il s'agit pour une personne de se souvenir chaque jour qu'elle est assurée d'une mort certaine et que cette mort peut survenir à tout instant. « Chaque jour à notre réveil, pensons que nous ne subsisterons pas jusqu'au soir et, de même quand nous sommes sur le point de nous coucher, pensons que nous ne nous réveillerons pas » prescrit Antoine le Grand, le premier des Pères du désert considéré comme le père des moines. Pourquoi se souvenir de la mort ? Un Ancien répondait aussi : « Souvenons-nous sans cesse de la mort. Par cette mémoire naît en nous l'abandon des soucis et de tout ce qui est vain. À dire vrai, la contemplation de la mort est comme une source. C'est pourquoi, servons-nous d'elle comme de notre propre souffle. » Rien de morbide là-dedans donc, mais au contraire un appel à vivre pleinement.

En pratique, il s'agit de se représenter par l'imagination à l'article de la mort, voire dans la mort. Et puis de goûter à sa fragilité, d'observer les sentiments qui apparaissent, de considérer ses attachements (et leur justesse), de noter ce qui a été réalisé, ou pas, de sentir ce qui devant la mort se révèle vain ou au contraire précieux, de remercier et de rendre grâce aussi. Un Ancien disait ainsi : « Le souvenir de la mort fait naître dans l'esprit humain les pensées les plus sérieuses, les plus humbles, les plus aimantes pour nos proches, les plus reconnaissantes à l'égard de ce qui nous a été octroyé dans cette vie et à l'égard de ce qui nous est promis dans l'autre. »

Se souvenir de la mort a pour fonction de revivifier l'âme. Contempler la mort, c'est avoir devant ses yeux les portes de l'éternité tout ouvertes.

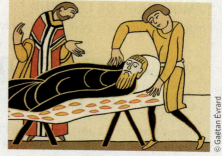

« *La contemplation de la mort est comme une source.* »

Faisons nôtre la recommandation d'Evagre, cet abba du IVe siècle qui fut le premier à mettre par écrit l'expérience spirituelle vécue dans le désert : « Soyez comme si vous deviez mourir le lendemain mais usez de votre corps comme s'il devait vivre de longues années. » ■

Qui étaient les Pères du désert ?

Des hommes et des femmes, pionniers de la vie monastique. Ils s'installent à partir du IVe siècle dans les déserts d'Égypte et de Syrie pour vivre leur foi en petites communautés ou en solitaires. On appelle « apophtegmes » leurs conseils.

TÉMOIGNAGE DE LECTEUR

Propos recueillis par le **père Jean-Paul Musangania**, assomptionniste

« La prière m'ouvre aux autres »

Brieuc Boschet (18 ans), étudiant à l'Ircom d'Angers, est responsable communication pour le Mouvement eucharistique des jeunes (MEJ) dans le Finistère (29). Il prie tous les soirs pour les autres.

« Lorsque les journées sont difficiles, chargées, il y a une parole d'Évangile qui m'inspire et me réconforte : "Venez à moi, vous tous qui peinez sous le poids du fardeau et moi, je vous procurerai le repos" (Mt 11, 28) Pour moi, c'est cela la prière : un moment où je confie tout à *Jésus*, à *Marie*, un moment dont je ressors plus léger et apaisé.

J'ai aménagé un coin prière dans ma chambre, composé de plusieurs bougies, d'une icône de la Sainte Famille, reçue lors de mon baptême, d'une mosaïque représentant le repas que Jésus a pris avec les disciples d'Emmaüs, cadeau qu'un prêtre m'avait offert lors de ma première confession ainsi qu'une autre icône représentant la Vierge de Taizé. C'est un lieu important dans ma vie de foi, je m'y rends chaque année. Au centre de mon coin prière, il y a la Bible ainsi que ma *Compostella*, souvenir de mon pèlerinage à Saint-Jacques-de-Compostelle.

© Sandrine Martin

Je prie deux fois dans la journée : le matin avant de partir en cours et le soir avant d'aller me coucher. Le matin, je lis l'Évangile du jour et les commentaires de *Prions en Église*. Ils éclairent bien les passages du texte et facilitent l'appropriation pendant ma méditation. Le soir, je relis ma journée. Je confie des intentions personnelles et celles du pape François avec l'application *Click To Pray*. Dans ma prière, je pense à ceux qui ont le plus besoin d'être aidés. Cela peut être des personnes que j'ai croisées au cours de la journée mais aussi des personnes vues ou entendues à la télévision, dans les journaux, sur Internet… Je suis convaincu que ma prière peut les aider, j'ai pu en faire l'expérience. Enfin, j'offre au Seigneur mon désir de faire une bonne action (au moins une par jour). Ce n'est pas de la répétition mais un désir de réussir ce que je n'ai pas fait la veille, de faire quelque chose avec Dieu chaque jour, pour les autres. » ■

QUESTION DE FOI

Jean Baptiste est-il vraiment né le 24 juin ?

Nous ne disposons pas de l'acte de naissance de Jean Baptiste. Et si la Nativité de Jésus est célébrée le 25 décembre, c'est en raison de la fête romaine de Mithra, divinité perse de la lumière, soleil invaincu. Fixée au solstice d'hiver par l'empereur Aurélien (IIIe siècle), cette fête est devenue chrétienne au IVe siècle suite à la conversion de Constantin : elle célèbre l'avènement du Christ, Soleil de justice (Ml 3, 20 ; cf. Lc 1, 78).

Dans son récit de la naissance de Jésus, des circonstances et événements qui l'ont entourée, saint Luc précise que l'ange Gabriel annonce à Marie, « le sixième mois » (Lc 1, 26), qu'elle va être mère du Sauveur ; et il lui révèle que sa cousine Élisabeth « en est à son sixième mois » (Lc 1, 36). Cela laisse penser que la naissance de Jean Baptiste fut datée par rapport à la naissance et la conception (25 mars) de Jésus.

Ces dates sont richement symboliques. En effet, dans notre hémisphère nord, le 25 décembre inaugure la victoire de la lumière sur les ténèbres. À l'inverse, le solstice d'été marque le moment où le soleil va commencer à décroître. En toute humilité, Jean Baptiste disait : « Lui [Jésus], il faut qu'il grandisse ; et moi, que je diminue. » (Jn 3, 30). Parole concordant avec le symbolisme ayant prévalu dans la datation de ces solennités par l'Église. ■

Michèle Clavier, *théologienne*

PÈLERINAGE

LE RHIN DES CATHÉDRALES
Une croisière-pèlerinage emblématique

Se laisser mener, au fil du Rhin, de Strasbourg à Heidelberg, Cologne, Amsterdam… Découvrir le patrimoine culturel et spirituel de la vallée rhénane et retremper notre foi dans ces siècles d'histoire. La célébrer, la chanter dans de magnifiques édifices. Goûter le silence de la navigation et la joie de la convivialité. C'est à cette expérience que je vous invite. J'animerai cette croisière spirituelle avec Fabienne Martet, qui guidera le chant dans des ateliers musicaux et dans la prière. Un magnifique temps de ressourcement. ■

Père Sébastien Antoni, *assomptionniste*

© AdobeStock

PRATIQUE Pèlerinage du 14 au 21 novembre 2021. Une sélection "Prions en Église" et "Pèlerin" organisée par Rivages du monde.
Informations et inscriptions : 01 58 36 08 38 ou www.rivagesdumonde.fr

ÉGLISE DU MONDE

Laurent Dagot, ingénieur et volontaire DCC à Madagascar

Un appel à l'espérance

« Lorsque l'Esprit Saint susurre, est-ce que nous l'entendons ? Aujourd'hui, heureux d'être volontaire à Madagascar, je m'ouvre à la richesse de nouvelles rencontres. Dans ce pays pauvre, le partage du pain quotidien est une vraie ouverture aux usages locaux : comprendre les priorités malgaches demande de me placer en serviteur pour agir avec bienveillance et retenue, de lâcher prise sur les certitudes occidentales, d'être présent au milieu de la pauvreté matérielle recouvrant un grand cœur. Regarder, proposer, ne rien imposer : ceux que je rencontre survivent avec si peu et la mort frappe même la jeunesse. J'apprends, à la lumière de Dieu, à être petit pour partager simplement. C'est un appel à l'espérance malgré les difficultés qui n'ont pas de frontière ; nous partageons tant ! Je prie pour que l'époque soit à plus d'ouverture. Mon souhait est d'accompagner quelques enfants malgaches à envisager ce qui se cache au-delà de leurs rêves, leurs rivages. Leur vraie simplicité l'emporte toujours : elle est salvatrice. Sans amour, toute rencontre devient impossible… inutile ! Ne remplaçons pas simplicité par facilité ; cette confusion est si rapide ! Aimer et servir, notre cœur simplement ouvert à la rencontre, accepter nos différences… » ■

EN PARTENARIAT AVEC LA DÉLÉGATION CATHOLIQUE POUR LA COOPÉRATION. HTTP://LADCC.ORG

Trois fillettes du quartier Ambatomena, Fianarantsoa (Madagascar).

REPORTAGE

Père Thibault Van Den Driessche, assomptionniste

Le mariage à l'église, un défi audacieux ?

En ce mois de juin, le pape François nous invite à prier pour ceux qui se préparent au mariage. Quels sont leurs défis aujourd'hui ?

« À travers la préparation au mariage à l'église, nous avons appris à dépasser notre ego, nos sentiments respectifs, et nous ouvrir à la dimension spirituelle », constatent Mathilde et Charles-Émeric, parents de deux petites filles.

Aujourd'hui, les jeunes fiancés qui se préparent, même ceux qui se sentent éloignés de la foi, ne se marient plus à l'église pour faire plaisir à leurs familles mais parce qu'ils en ont fait le choix. Plus qu'autrefois, ils sont dans une attitude d'accueil, de bienveillance face à l'institution. C'est le constat de Blandine et Gilles Beugnon, animateurs d'un Centre de préparation au mariage (CPM). Mariés depuis vingt-cinq ans, ils sont entraînés dans l'animation des CPM, quatre ans plus tard, par le prêtre de leur paroisse parisienne : « Quand on fait sentir aux futurs époux que leur amour est un reflet de l'amour de Dieu pour l'humanité, ils sont émerveillés, et cela encore plus de nos jours », se réjouissent-ils.

Chaque année, à six reprises, ils accueillent environ cinq couples pour trois soirées. « En raison de la densité des échanges, elles courent souvent au-delà de minuit, et certains en redemandent », sourit Gilles, motivé par ce service d'Église. Des couples, ils en ont vu défiler en vingt ans. Et si l'âge moyen de ceux qui se préparent n'a pas changé, 30 ans en moyenne, Blandine et Gilles, qui sont aussi parents de quatre enfants de 15 à 23 ans, observent néanmoins des différences. « Les jeunes d'aujourd'hui ont davantage le souci de ne pas sacrifier la vie de famille à la faveur de la carrière, ils ont aussi moins de défiance par rapport à la religion, estime Blandine. En revanche, étant donné le caractère plus anxiogène de la société, nombre d'entre eux ont peur d'avoir des enfants. Face à la vie, ils se sentent d'ailleurs plus vulnérables que leurs parents. » ...

François bénissant un couple de jeunes mariés, février 2017.

Photo : Fabio PIGNATA/CPP/CIRIC

REPORTAGE

... Durant les soirées de préparation du CPM, les confidences s'enchaînent. Blandine et Gilles Beugnon font circuler la parole autour des aspirations des futurs époux, de leurs attentes spirituelles et des cinq piliers du mariage : la liberté (par rapport à la famille, au travail, aux passions), la fécondité et ses questions (l'enfant qui ne vient pas, l'enfant handicapé), la fidélité, l'indissolubilité. Ils mettent ainsi le doigt sur les difficultés futures, ce qui est l'une des missions de toute préparation au mariage.

Mariés en 2017, Pierre et Jeanne ont été accompagnés par un prêtre qui les a reçus chaque mois pendant un an : « Réfléchir aux choses avant qu'elles nous arrivent est une chance, estime Jeanne, il est important d'accueillir et de mûrir les situations de la vie qui peuvent se présenter à nous, comme la possibilité d'avoir un enfant handicapé, d'un enfant qui se déclare homosexuel ou désire devenir prêtre. Durant la préparation, ces questions me semblaient parfois hâtives, mais j'en mesure aujourd'hui l'intérêt. Cela peut éviter bien des tensions par la suite. » ■

Les préparations au mariage

Beaucoup de propositions existent. C'est un accompagnement avec un prêtre, aidé parfois de laïcs, tantôt individuel tantôt avec d'autres couples. Ce sont aussi des sessions de préparation : sessions Cana, retraites au centre spirituel Manrèse, soirées avec les Centres de préparation au mariage (www.preparation-mariage.info).

LES MESSES TÉLÉ ET RADIO

LE JOUR DU SEIGNEUR — FRANCE 2 (11 heures)

6/6 *Lieu non confirmé.*
Prédicateur : P. Camille de Belloy, dominicain.

13/6 Basilique Notre-Dame-de-la-Garde, Marseille (13).
Prédicateur : Mgr Jean-Marc Aveline, archevêque de Marseille.

20/6 Cathédrale Saint-Lazare, Autun (71).
Prédicateur : Mgr Benoît Rivière, évêque d'Autun, Chalon et Mâcon.

27/6 Église Saint-Jean-Baptiste, Bagnols-sur-Cèze (30).
Prédicateur : P. Édouard Roblot, prêtre du diocèse de Nantes.

FRANCE CULTURE (10 heures)

6/6 Chapelle Notre-Dame de la Médaille miraculeuse, Paris (VIIe).
Prédicateur : P. Bertrand Bousquet.

13/6 Chapelle de l'Épiphanie, Missions étrangères de Paris, Paris (VIIe).
Prédicateur : P. Vincent Sénéchal, prêtre des Missions étrangères de Paris.

20/6 Chapelle Notre-Dame de la Médaille miraculeuse, Paris (VIIe).
Prédicateur : *Information non confirmée.*

27/6 Chapelle Notre-Dame de la Médaille miraculeuse, Paris (VIIe).
Prédicateur : P. Jean-Baptiste Edart.

Informations communiquées sous réserve de modifications.

CULTURE

LIVRES

Ma première communion
Histoires pour fêter
V. Aladjidi, C. Pelissier, Bayard jeunesse, 93 p.

Ce livre est destiné à l'enfant qui vient de faire sa première communion. Avec onze histoires vraies, récits et bandes dessinées, on découvre comment le sacrement de l'eucharistie peut transformer la vie de jeune chrétien. Chaque histoire se termine par une prière. Le succès de ce livre de Virgine Aladjidi, Caroline Pelissier sollicite cette nouvelle édition avec un relookage de la couverture. Dès 6 ans.

Le signe de croix
Un geste pascal dans la vie liturgique
P. Michel Wackenheim, Cerf Patrimoines, 436 p.

Le signe de croix tel qu'on le pratique aujourd'hui est l'aboutissement d'une histoire longue et complexe. Le père Michel Wackenheim, bien connu des lecteurs de *Prions en Église*, présente ici sa thèse de doctorat en théologie et propose une vue panoramique d'un sujet dont la complexité se cache derrière la simplicité du geste. Mémorial du mystère pascal, le signe de croix affirme le don total de Dieu.

Femmes du Nouveau Testament
P. Yves-Marie Blanchard, Salvator, 181 p.

Cette nouvelle étude du père Yves-Marie Blanchard évoque les personnages féminins traversant les Évangiles et les autres écrits néotestamentaires. Scrutant les textes au plus près, le bibliste souligne combien les femmes y tiennent une place éminente. Une invitation à relire, à découvrir ou redécouvrir les personnages féminins du Nouveau Testament au-delà des clichés. ■

Xavier Jaricot

EXPOSITION

Au juste poids véritable balance, anonyme, Puy de 1518.

Les Puys d'Amiens, chefs-d'œuvre de la cathédrale Notre-Dame

Une exposition passionnante au musée de Picardie retrace l'histoire, du XIVᵉ au XVIIᵉ siècles, de la confrérie Notre-Dame du Puy. Elle commandait chaque année un tableau, à thème marial, qu'elle offrait à la cathédrale d'Amiens. Une collection de tableaux, parfois de grands maîtres anversois, s'est ainsi constituée sur près de quatre siècles dans la cathédrale. Au XVIIIᵉ siècle, les chanoines décidèrent de mettre un terme à cet héritage. Parmi la centaine d'œuvres présentées, une vingtaine provient du Puys d'Amiens. ■

Benoît de Sagazan, *rédacteur en chef du Monde de la Bible*

Annoncée du 3 juillet au 10 octobre 2021, musée de Picardie, 2 rue Puvis de Chavannes, 80000 Amiens, www.amiens.fr/Vivre-a-Amiens/Culture-Patrimoine/Etablissements-culturels/Musee-de-Picardie

NOS ACTUS

Agenda universitaire 2021-2022 de « Prions en Église »

Commandez sans tarder votre agenda universitaire *Prions en Église* 2021-2022. Unique sur le marché et conçu avec Quo Vadis, il vous sera utile pour organiser vos journées. Pour chaque jour, une fête à souhaiter, une citation de l'Évangile et les références des lectures de la messe. Il contient aussi les prières du pape François, le calendrier liturgique de l'année et une liste des saints et de leur fête… ■

Amandine Boivin

En librairie et sur : librairie-bayard.com/agendaseptembre2122

CULTURE

CD

Révisons nos classiques
1 h avec Mozart
Patrick Barbier
Bayard Musique

Un voyage d'une heure au cours de laquelle Patrick Barbier nous raconte la vie de Mozart et nous fait entrer dans sa musique grâce à des extraits significatifs. Adultes et plus jeunes (à partir du CM2) se laisseront prendre pas ses talents de conteur. Le début d'une belle collection.

Le Paradis sur terre
Patrick Richard
ADF Musique

Les chants de ce nouvel album de Patrick Richard sont en harmonie avec les appels lancés par le pape François dans son encyclique *Laudato si'*. Des chants qui invitent à prendre soin des personnes les plus fragiles tout autant que de la terre, notre « maison commune ». ■

Dominique Pierre, rédacteur en chef de *Chantons en Église*

NUMÉRIQUE

SOCABI
La Société catholique de la Bible (Socabi) propose gratuitement une mine d'enseignements à distance sur la Bible et de son interprétation dans le monde contemporain. Elle recourt à d'excellents biblistes, dont Jean Grou de *Prions en Église* Canada, pour animer des séminaires d'une constante actualité sur l'Ancien et le Nouveau Testaments : « Où t'es? Papa où t'es? »; « Paternités bibliques et contemporaines »; « Jésus, la présence réelle »… ■ www.socabi.org

P. Jean-Paul Musangania

AGENDA

Informations communiquées sous réserve de modifications.

À l'heure où nous imprimons, nous ne pouvons prévoir les conditions d'ouverture des centres spirituels ou de formation. Leur site internet précise, selon les circonstances, ce qui se tient en ligne ou en présence.

Grand-Nord-Ouest

ÉPERNON (28)
LUNDI 7
Formation
Journée « Culture, art, spiritualité », autour d'Hildegarde de Bingen, proposée par le prieuré Saint-Thomas.
02 37 83 60 01
prieure-epernon@orange.fr
www.prieure-saint-thomas.fr

LA ROCHE-DU-THEIL (35)
DIMANCHE 13 AU SAMEDI 19
Retraite
Se mettre à l'école de Maurice Zundel, grand maître spirituel du XXe siècle, qui disait : « Je ne crois pas en Dieu, je le vis. » Avec le frère Didier Vernay.
02 99 71 11 46
secretariat@larochedutheil.com
www.larochedutheil.com

LISIEUX (14)
DU DIMANCHE 20 AU SAMEDI 26
Retraite spirituelle
« Vivre avec le Christ », avec le frère Dominique Sterckx, au sanctuaire de Lisieux.
02 31 48 55 10
reservation@therese-de-lisieux.com
www.therese-de-lisieux.catholique.fr

Grand Nord-Est

MOUVAUX (59)
DU MARDI 1ER AU JEUDI 3
Retraite
« Quand fleurir est une prière » : prier, contempler, s'émerveiller, louer le Seigneur pour la Création. Avec Myriam Domange, Nature et Vie Chrétienne, Marthe Malard, Fondacio, Catherine Duprez et Isabelle Tiberghien, CVX.
03 20 26 09 61
contact@hautmont.org
www.hautmont.org

ROUBAIX (59)
SAMEDI 5 ET DIMANCHE 6
Temps forts en paroisse
Les familles du diocèse de Lille sont invitées à se retrouver pour un temps fort en paroisses. Initialement prévu le 6 juin 2021, « Tous en chœur avec Jésus », le rassemblement diocésain

AGENDA

… au parc des sports de Roubaix, est, lui, reporté à l'été 2022.
www.tousenchoeur2021.fr
tousenchoeur@lille.catholique.fr

Grand Sud-Ouest

BORDEAUX (33)
VENDREDI 4 ET SAMEDI 5
Session
« Aime, et fais ce que tu veux » : un parcours sur l'agir chrétien chez les Pères de l'Église (Ignace d'Antioche, Clément d'Alexandrie, Basile de Césarée, Jean Chrysostome ou Augustin…). Avec Catherine Schmezer, de Sources Chrétiennes, professeur (Lyon III).
05 57 81 74 96
contact@institutpeyberland.fr
www.institutpeyberland.fr

LA CHAPELLE-SAINT-LAURENT (79)
JEUDI 10 ET VENDREDI 11
Relecture pastorale
Le service de formation du diocèse de Poitiers propose un temps de relecture pour tous les chrétiens au service de l'Église Le jeudi 10 au sanctuaire Notre-Dame de Pitié ou le vendredi à l'abbaye Sainte-Croix – La Cossonnière, Saint-Benoît (86).
poleformation@poitiers-catholique.fr
www.poitiers.catholique.fr

SERVERETTE (48)
DU VENDREDI 25 AU DIMANCHE 4 JUILLET
Retraite spirituelle
« Car vous n'avez qu'un seul Maître et vous êtes tous frères. » Pourquoi la fraternité est-elle difficile à vivre ? Contempler la manière du Christ d'accueillir l'autre dans sa différence… Retraite ouverte à tous, avec sœur Caroline Trang, osu, et P. Georges Cottin, sj.
06 85 40 08 36
carotrang@gmail.com

Grand Sud-Est

BIVIERS (38)
DU LUNDI 7 AU VENDREDI 18
Retraite
« Avance en eau profonde » : dix jours de retraite selon les Exercices spirituels de saint Ignace. Pour les personnes ayant déjà vécu des retraites accompagnées individuellement selon les Exercices.
04 76 90 35 97
www.sainthugues.fr

LYON (69)
MARDI 8
Formation
« Qu'est-ce que la liturgie ? une action du peuple envers son Dieu ou une action de Dieu envers son peuple ? » Avec P. Jean-Sébastien Tuloup, et Marie-Laure Martin Saint-Léon. Pour les acteurs pastoraux et personnel des paroisses.
04 78 81 48 25
d.deboisse@lyon.catholique.fr
formation-lyon-catholique.fr

Île-de-France

PARIS (VIᵉ)
MARDI 1ᵉʳ JUIN
Concert méditatif
« Chant chrétien antique : réveiller la source profonde » : avec Iégor Reznikoff, spécialiste de l'art et …

ZOOM

Nuit des veilleurs
L'Action des chrétiens pour l'abolition de la torture (Acat) célèbre, samedi 26 juin, la 16ᵉ édition de la « Nuit des Veilleurs » sous le thème « Va avec cette force que tu as » (Jg 6, 14). À l'instar de ce passage biblique où Gédéon sauve Israël de la main des Madianites, « nous continuons à plaider pour des victimes des violations des droits humains malgré la crise sanitaire qui ferme énormément les portes des prisons », témoigne Laurence Rigollet, directrice du pôle vie militante de l'Acat. Cette année, l'association propose deux formes d'action : d'une part, des retrouvailles en petits nombres dans les paroisses et dans les lieux de cultes, si les personnes sont vaccinées et dans le respect des gestes barrières. D'autre part, le site internet de la « Nuit des veilleurs » donne la possibilité aux adhérents et aux sympathisants de l'Acat d'allumer une bougie, de télécharger tous les textes et les chants et de se joindre aux rendez-vous de prière et de recueillement à distance. ■

nuitdesveilleurs.fr

P. Jean-Paul Musangania

AGENDA

... de la musique antiques et un petit ensemble de l'École de louange.
Au Forum 104.
01 45 44 01 87
www.forum104.org

SAINT-PRIX (95)
**DU SAMEDI 5
AU DIMANCHE 6**
Retraite en famille
« Couple et famille au service de la Création » : un week-end pour approfondir l'encyclique *Laudato si'* et des pistes pour la mettre en pratique dans la vie de famille. Retraite avec enfants (0-10 ans), animée par Adeline et Alexis Voizard au centre Massabielle.
01 34 16 09 10
accueil@massabielle.net
massabielle.net

CLAMART (92)
**DU VENDREDI 18
AU DIMANCHE 27**
Retraite
Une retraite de neuf jours autour du « Choix de vie » : pour les 18-35 ans proches d'une décision importante pour l'orientation de leur vie (sacerdoce, vie consacrée, mariage…). En silence et individuellement accompagnée. Au centre spirituel Manrèse.
01 45 29 98 60
www.manrese.com

Belgique

THY-LE-CHÂTEAU
SAMEDI 5
Journée de prière
Prendre une journée auprès de la Vierge Marie, avec enseignement, chapelet, célébration de l'eucharistie, temps d'adoration, et possibilité de vivre le sacrement de réconciliation. Une veillée de prière complète la journée. À la communauté des Béatitudes Marie Médiatrice de toutes grâces.
+32/(0)716 60 300
https://beatitudes.org

ENVOYEZ VOS RENDEZ-VOUS À L'AGENDA DE PRIONS EN ÉGLISE : Merci d'envoyer les informations nécessaires 3 mois avant l'événement, sans engagement de publication par la rédaction, à : *Prions en Église,* Agenda, 18 rue Barbès, 92120 Montrouge, ou par e-mail : *prionseneglise@bayard-presse.*

Prions en Église 18, rue Barbès, 92128 Montrouge Cedex.
www.prionseneglise.fr

▶ POUR CONTACTER LE SERVICE CLIENT : **01 74 31 15 01** - service.client@bayard-presse.com
(Préciser : nom + adresse postale + « concerne Prions en Église »).
▶ POUR VOUS ABONNER : **0 825 825 831** (0,18 €/ min.) - www.librairie-bayard.com
Bayard, Prions en Église, TSA 60007, 59714 Lille Cedex 9
▶ POUR CONTACTER LA RÉDACTION : **01 74 31 63 24** - prionseneglise@bayard-presse.com

Directeur de la publication : Pascal Ruffenach. Directeur : Jean-Marie Montel.
Rédaction : Karem Bustica (rédactrice en chef), Frédéric Pascal (rédacteur en chef adjoint), Armelle Gabriel (assistante), Pomme Mignon (directrice artistique), Jean-Baptiste Deau, Clotilde Pruvôt, Nicolas Crouzier (secrétaires de rédaction), Laurent Sangpo, Alexia Féron, Pascal Redoutey (rédacteurs graphistes), P. Thibaut Van Den Driessche, P. Jean-Paul Musangania (rédacteurs), Agnès Thépot (relations lecteurs). Ont participé : Béatrice Basteau.
Marketing éditeur et développement : Anne-Claire Marion (directrice), Amandine Boivin (responsable marketing).
Marketing diffusion et abonnement : Aurore Bertrand (directrice), Sandrine Dos Santos (chef de marché).
Direction des terrains catholiques : Pascale Maurin (directrice), Stéphanie Chauveau (chef des ventes).
Voyages lecteurs : Corinne Miguel. Contrôle de gestion : Audrey Cremet-Breton. Fabrication : Franck Fournier.
Impression : Maury SAS, Z.I. Route d'Étampes, 45330 Malesherbes.
Textes liturgiques : © AELF. Chants : © Éditeurs. © Bayard et Novalis. Reproduction interdite sans autorisation.
Prions en Église est édité par Bayard Presse, société anonyme à Directoire et Conseil de Surveillance au capital de 16 500 000 €. Actionnaires : Augustins de l'Assomption (93,7 % du capital), SA Saint-Loup, Association Notre-Dame de Salut. Directoire : Pascal Ruffenach (président), P. André Antoni, Alain Augé et Florence Guémy (directeurs généraux). Président du Conseil de Surveillance : Hubert Chicou. Dépot légal à parution. CPPAP : 0425K86471 - ISSN : 0383-8285.
Belgique : Sandrine Van Gossum (éditeur responsable pour la Belgique), Bayard Presse Bénélux, Da Vincilaan, 1 1930 Zaventem. Tél. : 0800 90 028 (de Belgique, gratuit) ou 00 32 87 30 87 32 (de France) ou Tél. : 800 29 195 (du Luxembourg). Web marché chrétien : www.bayardchretien.be. Suisse : Edigroup SA 39 rue Peillonnex 1225 Chêne-Bourg – Suisse. Tél. : 00 41 22 860 84 02. Mail : abobayard@edigroup.ch

Prions en Église agit pour l'environnement
Origine du papier : Allemagne
Taux de fibres recyclées : 0 %
Origine des fibres : papier issu de forêts gérées durablement
Impact sur l'eau : Ptot 0,0016 kg/T

Ce numéro comporte
Sur la totalité de la diffusion :
encart jeté "Prions en Église" ; encart posé "Prions en Église Junior" abonnement ; encart posé "Prions en Église agenda universitaire".

Sur une partie de la diffusion :
encart posé "La Croix" ; relance posé "Prions en Église" offre d'abonnement.

TÉLÉCHARGEZ L' APPLI *PRIONS EN ÉGLISE* ET ACCÉDEZ GRATUITEMENT À L'ESPACE PREMIUM PRIONS+

▪ Retrouvez l'Évangile en audio, les chants du dimanche et bien plus encore.

▪ Un privilège réservé aux abonnés de *Prions en Église*.

Bulletin d'abonnement

OUI, je m'abonne à *Prions en Église*

ÉDITION POCHE (13 x 11,9 cm) - PRI
- ☐ **1 an** (12 + 3 n°s) .... **45 €**
- ☐ **2 ans** (24 + 3 n°s) .... **80 €**
- ☐ **Étudiant** 1 an .... **29,95 €***

ÉDITION GRAND FORMAT (16 x 14,6 cm) - PRI
- ☐ **1 an** (12 + 3 n°s) ...... **52 €**
- ☐ **2 ans** (24 + 3 n°s) ... **90 €**

+ EN CADEAU : 3 MOIS OFFERTS
Soit **3 numéros** supplémentaires

PAR COURRIER Renvoyez ce bulletin accompagné de votre chèque libellé à l'ordre de *Bayard* à l'adresse suivante : **Bayard - TSA 60007 - 59714 Lille CEDEX 9**

PAR INTERNET
librairie-bayard.com/aboprions

PAR TÉLÉPHONE Votre code offre : A176584
01 74 31 15 01

COORDONNÉES ☐ Mme ☐ M. Prénom

Nom _____ A176584

Complément d'adresse (résid/Esc./Bât.)

N° et voie (rue/Av./Bd...)

Code postal _____ Ville

Pays _____ Date de naissance J J M M A A A A

Tél. _____ E-mail _____
Pour recevoir, conformément à la loi, la confirmation de votre abonnement

RENSEIGNEMENTS POUR LES ABONNEMENTS HORS FRANCE MÉTROPOLITAINE

📞 Téléphone		DOM-TOM & UE	AUTRES PAYS	BELGIQUE	SUISSE
		(33) 174 311 501		0800/90028**	(022) 860 84 02
POCHE	1 an	48 €	54 €		
	2 ans	86 €	98 €	Renseignez-vous sur les tarifs et abonnez-vous par téléphone	
GRAND FORMAT	1 an	55 €	61 €		
	2 ans	96 €	108 €		

*Uniquement en France métropolitaine. Cette offre ne contient pas de cadeau. Joindre une photocopie de la carte d'étudiant.   **Appel gratuit